Gerhard Engelsberger

Der Luftballon im Kaktusgarten

Gerhard Engelsberger

Der Luftballon im Kaktusgarten

Und andere Gute-Nacht-Geschichten

Mit Illustrationen von

Kreuz

für Magdalena

Inhaltsverzeichnis

Der Reißverschluß

Es war einmal ein Reißverschluß, der wohnte in einer Winterjacke und war meistens sehr naß. Denn Moritz, dem die Jacke gehörte, machte nichts lieber als Schneeballschlachten, Pfützenhüpfen und Hügelrutschen. Das paßte dem Reißverschluß nun gar nicht. Er sagte: „Ich bin für ein anderes Leben genäht worden." Sprach's und zog nach Amerika, weil in Amerika jeder, auch wenn er noch so klein anfängt, eine echte Chance bekommt.

Und Moritz wunderte sich, daß er die nasse Winterjacke nicht mehr ausziehen konnte, weil der Reißverschluß fehlte. Mama mußte die Jacke mit der Schere aufschneiden und hat geschimpft und gesagt, Moritz hätte nichts als dummes Zeug im Kopf.

Dabei konnte Moritz gar nichts dafür. Der Reißverschluß war schuld, der sich zu schade war für eine richtige Jungenwinterjacke und nun in Amerika als Tellerwäscher arbeitete, naß von oben bis unten, und das zehn Stunden am Tag. Das hatte er davon. Hätte ja keiner was dagegen gehabt, wenn er mal geklemmt hätte oder gesperrt oder so etwas Ähnliches. Aber gleich abhauen nach Amerika? Soll er doch Teller waschen. Wäre er bei Moritz geblieben, dann hätte er dieses Jahr in die Berge fahren können und hätte Skispringer gesehen von ganz nah. Hundert Meter sind sie geflogen. Aber er wollte ja lieber nach Amerika.

Der kleine Ton

Es gibt Geschichten, die muß man mit geschlossenen Augen hören. Eine solche Geschichte will ich dir heute erzählen. Aber du mußt die Augen dabei schließen, sonst verstehst du sie nicht. Ich bleibe auch ganz nah bei dir und passe auf dich auf.

Es war einmal ein wunderschöner Ton, der wohnte in einer Geige und war eingepackt in einen braunen Geigenkasten. Wenn Stephan manchmal allein zu Hause war, dann holte er Papas Geige aus dem Geigenkasten. Darauf freute sich der Ton schon, denn er konnte Stephan gut leiden. Und Stephan zupfte auf der Geige, und der Ton machte bing und bong und summ, und der kleine Ton hüpfte im Zimmer umher und spielte Lieder, wie sie Stephan noch nie gehört hatte. Er spielte Sonne und Wind, spielte Fluß und Meer, spielte Stern und Abendrot. Und Stephan war ganz leise, damit er ja auch alles hörte.

Eines Tages, als Stephan wieder den Geigenkasten öffnete und die Geige herausholte, blieb der Ton stumm. „Hallo, Ton", sagte Stephan ganz leise, „hallo, Ton, willst du heute nicht mit mir spielen?" Doch der Ton gab keine Antwort. Da rief Stephan noch einmal: „Du, Ton, ich freue mich auf dich, komm doch heraus und spiel mit mir!" Da hörte er ein ganz leises Bomm aus der Geige, und dann sagte der Ton: „Du, Stephan, ich kann heute nicht hüpfen und singen und tanzen. Ich bin krank. Hier im Geigenkasten ist es so dunkel. Mir fehlte die Sonne, der Wind und das Lied der Vögel."

Stephan erschrak, denn ein kranker Ton klingt nicht schön. Ein kranker Ton ist traurig, falsch und müde. Ganz sacht nahm Stephan den kleinen Ton in die Hand und spürte, daß er fror. „Ich bring dich an die Sonne, zum Wind und zu den Vögeln", sagte er. Vorsichtig ging er mit ihm zum Fenster und öffnete den Flügel zum Garten ganz weit. Dann setzte er den Ton auf den Fenstersims mitten in die Sonnenstrahlen und wartete. Und da geschah ein Wunder.

Ein Sonnenstrahl kam geweht und setzte sich neben den Ton, wärmte ihn und erzählte ihm von Wiesen und Blumen, von der warmen Erde und von einem Land, in dem die Töne nicht eingesperrt sind in Kästen, Notenbücher und Orgelpfeifen, sondern sich frei bewegen können. Und eine Schwalbe kam geflogen, setzte sich ebenfalls auf das Fensterbrett und erzählte von der Weite über den Wolken, vom Lied des Sturmwinds und dem Rauschen des Sommerregens zwischen Himmel und Erde. Und ein Schmetterling kam geflattert, setzte sich neben den Sonnenstrahl, streichelte den Ton sanft mit einem Flügelschlag und meinte: „Du bist wie ich, ein Schwebewesen, mal hier, mal dort, mal bing, mal dong. Komm mit mir, ich will dir das Leben zeigen."

Und der kleine, kranke Ton reckte sich und streckte sich, begann zu glänzen und zu schwingen, zu strahlen und zu schweben. Wurde leicht wie eine Feder und hell wie die Sonne. Und Stephan, der mit offenem Mund am Fenster stand, hörte mehr und mehr Töne. Sie kamen von überall her. Von Vögeln und Blumen, aus Kellern und Häusern, und wurden immer mehr. Und wurden ein Lied. Und sangen und tanzten und spielten. Und die Zeit stand still, die Taxis und die Busfahrer hielten an, die Menschen hörten auf zu arbeiten und wurden ganz ruhig. Einige schlossen die Augen, andere falteten die Hände, manche weinten vor Freude und sagten, so etwas Schönes hätten sie noch nie erlebt.

Hier ist das Land, in dem die Töne nicht eingesperrt sind. Hier bei uns, dachte Stephan. Man muß nur das Fenster öffnen. Man muß den Tönen einen weiten Raum geben, dann werden sie gesund, und es klingt wie im Paradies.

Als Stephan später den Geigenkasten zurückstellte, da schloß er ihn nicht ganz. Er ließ ihn einen Spaltbreit offen, so daß die Töne hinein und heraushüpfen konnten, gerade so, wie sie es gerne wollten. Und es war alles ganz anders als sonst an diesem Abend. Mama und Papa stritten nicht, schauten auch nicht fern. Und der Nachbar Mollten, der seit Wochen mit bleichem Gesicht im Bett gelegen hatte, klingelte an der Tür und brachte eine Flasche Wein und sagte, heute ginge es ihm schon viel, viel besser.

Und als das Licht überall aus war, weil alle schliefen, da kuschelte sich der kleine Ton neben Stephan ins Bett, ganz nah an sein Ohr, und sang ihm ein Lied von Berg und Meer, von Welten und Sonnen, von Traum und Zuhause. Und alles war gut. Alles war gut.

Moritz Mundelstein

Jeder weiß: Moritz Mundelstein ist ein Gauner. Er hat den Ameisen am Waldweg den Ameisenhaufen geklaut und den Menschen den Sommer. Deshalb hat es im letzten Jahr auch soviel geregnet, eben weil Moritz Mundelstein den Sommer gestohlen hatte. Tante Elfriede hat er übrigens den Regenschirm stibitzt, und jetzt kann sie nicht zum Zahnarzt gehen, wo es doch so regnet. Nicht nur, daß dieser Gauner den Sommer gestohlen hat, jetzt stiehlt er auch noch Regenschirme. Jeder weiß es: Moritz Mundelstein ist ein Gauner.

Im Hotel Krone hat er Zucker und Salz vertauscht, und alle Gäste haben geschimpft, weil das Schnitzel süß und der Pudding versalzen war. „Moritz Mundelstein war es“, sagte die Köchin vom Kronenwirt, denn sie hatte ihn spätabends schnell um die Ecke gehen sehen. Und wer nachts schnell um eine Straßenecke geht, hat bestimmt ein schlechtes Gewissen. Dem Polizisten, der ihn festnehmen wollte, hat er gesagt, er hätte fast noch nie etwas Böses getan und er wolle auch nie mehr etwas Böses tun. Aber abends, als der Polizist nachhause fahren wollte zu seiner Frau, da hatte sein Auto nur noch drei Räder. Das war bestimmt auch Moritz Mundelstein. Und wahrscheinlich hat er auch dem Pfarrer den ganzen Wein weggetrunken und dem Bäcker Krummschnut Gips ins Mehl gemengt. Deshalb muß ja Tante Elfriede zum Zahnarzt. Sie hatte doch in ein frisches Brötchen vom Bäcker Krummschnut gebissen, und dabei ist ein Zahn abgebrochen, weil das Brötchen so hart war. Das alles war sicherlich und Ehrenwort und ganz bestimmt Moritz Mundelstein.

Und daß im Frühjahr der Fluß über das Ufer trat, im Sommer die Erdbeeren im Garten von Schnecken gefressen wurden und der Geräteschuppen beim Bauern Beinbeis brannte, daran war bestimmt auch Moritz Mundelstein schuld. Und als Opa Bauchschmerzen hatte und Fieber bekam und sich ins Bett legen mußte mit roten Flecken im Gesicht, da sagten die Nachbarn: „Moritz Mundelstein ist umgegangen." Es war grausam mit ihm. Er war die Plage der ganzen Stadt. Ohne ihn wäre alles in Ordnung gewesen. Nur, man konnte ihm nie etwas beweisen.

Einmal meinten die Bewohner der Stadt, jetzt hätten sie ihn erwischt. In der Sparkasse, wo alle Leute ihr Geld hinbrachten, ging mitten in der Nacht das Licht an, und es gab einen fürchterlichen Krach, weil überall Sirenen und Klingeln und Hupen um die Wette lärmten. „Jetzt haben wir ihn", schrien die Polizisten. „Jetzt haben wir den alten Gauner auf frischer Tat ertappt", sagten die braven Bürger, die im Schlafanzug auf die Straße rannten und sich das Schauspiel nicht entgehen lassen wollten. Die Polizei umstellte die Sparkasse so dicht, daß nicht

SPAR KASSE
POLIZEI

einmal eine Maus hätte entwischen können, ohne bemerkt zu werden. „Geben Sie auf, Moritz Mundelstein“, rief der Polizeipräsident von einem Auto mit Lautsprecher aus: „Geben Sie auf, das Haus ist umstellt, Sie haben keine Chance.“ Aber er kam nicht heraus. Es kam überhaupt niemand heraus. Und in der Sparkasse war es auch schon wieder ganz still. „Wenn Sie nicht herauskommen, dann kommen wir hinein“, sagte der Polizeipräsident über den Lautsprecherwagen und zog dabei den Gürtel seiner Hose enger. Er war ganz aufgeregt, denn es war sein erster Großeinsatz, und Moritz Mundelstein war ja ein ganz bekannter Gauner, auch wenn man ihm bisher noch nichts hatte beweisen können. Aber heute nacht würden sie ihn fassen. „Den Schlüssel!“, rief der Polizeipräsident. Aber der Sparkassendirektor fand den Schlüssel in der Aufregung nicht. „Dann brechen wir die Türe auf!“ Zehn starke Polizisten drückten gegen die Türe der Sparkasse, bis sie mit einem Krach aufsprang. Und dann stürmten sie ins Gebäude, so schnell wie bei einem Hundertmeterlauf. „Hände hoch!“, schrien sie. Und: „Ergeben Sie sich, Moritz Mundelstein.“ Aber da war keiner. Wo immer sie suchten, Moritz Mundelstein blieb verschwunden. Was sie allerdings fanden, war Rolli, die Katze der Bäckersfrau. Die saß unter dem Schreibtisch des Sparkassendirektors und war ganz verstört. Irgendwie war sie aus Versehen nach Feierabend in der Sparkasse eingeschlossen worden und hatte auf ihrer Suche nach einem Ausgang die Alarmanlage ausgelöst. Ziemlich kleinlaut gingen die Polizisten nach Hause ins Bett. Wieder war es nichts gewesen mit einer Festnahme von Moritz Mundelstein.

Der allerdings war, was keiner wußte, schon am Abend vorher mit dem Zug nach Hamburg gefahren und war dort in ein Schiff nach Amerika gestiegen, weil es ihm in dieser Stadt nun überhaupt nicht mehr gefiel, wo man ihm alles ankreidete, was an Schlimmem passierte.

In den kommenden Wochen ging es in der Stadt übrigens gerade so weiter. Der Bäcker verbrannte seine Hand am Ofen, der Jäger schoß sich ins eigene Bein, ein Sturm deckte das Dach der Mühle ab, in der Apotheke wurde eingebrochen, und die Ampel an der Kreuzung Hauptstraße und Schloßstraße spielte verrückt. Und die Leute sagten wieder: „Das war bestimmt Moritz Mundelstein." Dabei war der längst in Amerika. Dort machte er mitten in New York eine Reinigungsfirma auf und wurde ein reicher Mann.

Er war schon lange Millionär in Amerika, da sagten die Leute immer noch: „Moritz Mundelstein ist schuld daran", wenn nachts der Strom ausfiel oder beim Kronenwirt die Suppe zu heiß war oder jemand mit dem Auto einen Unfall baute. So dumm sind die Leute.

Der Schneemann von Birnberg

Birnberg ist eine kleine Stadt im Bayerischen. Birnberg besitzt einen Dom, eine alte Burg auf dem Kuniberthügel, fünf Schulen, ebenso viele Tankstellen, ein Wildgehege, acht Wirtschaften und viele Sehenswürdigkeiten. Fußball kennen die Leute dort gar nicht. Dafür spielen die Erwachsenen jeden Freitag auf der Straße ein Spiel, das Knangel heißt und bei dem man mit der Feuerwehrleiter auf den Kirchturm steigt, dort einen mit Wasser gefüllten Luftballon hinunterwirft und auf der anderen Seite wieder hinabklettert und dabei ganz schnell von 1 bis 100 zählen muß – oder so ähnlich. Der Himmel über Birnberg ist übrigens immer hellgrün, nie blau, und die Sonne scheint orange. Und die Menschen sind eigentlich immer gut gelaunt und haben nie Streit.

Komisch ist nur: Kein Mensch kennt Birnberg. Oder kennst du etwa Birnberg im Bayerischen? Du findest es auch auf keiner Landkarte. Nun, das hat auch seinen guten Grund. Die Leute von Birnberg wollen nicht, daß so viele Fremde in ihre Stadt kommen, den Dom fotografieren, Steine aus der Burgmauer herausbrechen, die Hirsche und Luchse mit Pommes frites füttern, sie beim Knangeln filmen, Bier trinken und herumlärmen. Und deshalb haben sie den Landkartenmachern verboten, daß ihr Name auf einer

Landkarte steht. Viele fahren an Birnberg auf der Autobahn oder mit dem Zug vorbei und merken es gar nicht, bloß weil Birnberg auf keiner Landkarte steht. Sie sehen den Dom nicht, auch nicht die Burg. Selbst wenn man sie ihnen zeigen würde von der Autobahn aus, sie würden sagen: „Das gibt es nicht, es steht ja auch nicht auf der Landkarte!"

Deshalb ist auch in Birnberg noch vieles ganz anders als bei uns, vielleicht besser, vielleicht schlechter, wer weiß. Ich kenne Birnberg ja auch nicht. Woher ich dann all das weiß von der Burg auf dem Kuniberthügel, vom Dom, vom Wildgehege und vom Knangeln? Nun, das ist eigentlich schnell erzählt.

Eines Tages hatte ich nichts zu tun und ging am Fluß entlang spazieren. Da schwamm ganz am Rand eine riesengroße Karotte. Die mußt du dir holen, dachte ich, zog Schuhe und Strümpfe aus und sprang in den Fluß und erwischte die Karotte gerade noch, bevor sie an mir vorbeigeschwommen war. Es war wirklich eine riesige Karotte, eine ganze Familie wäre davon satt geworden. „Ja, was bist du denn für ein Riesengewächs?" sagte ich so vor mich hin und staunte nicht schlecht, als die Karotte zu reden begann. „Seit über einer Woche schwimme ich in diesem Dreckwasser", schimpfte sie, „danke, daß du mich herausgeholt hast." Sie nieste kräftig und schüttelte sich. Wir beide setzten uns auf eine Bank nahe am Fluß. Sie ließ sich von der Sonne trocknen und erzählte dabei ihre Lebensgeschichte.

„Als Karotte bin ich in Birnberg geboren, im Garten von Schuhmacher Schmelzer." „Birnberg, wo liegt denn das?" „Im Bayerischen. Aber kein Mensch weiß das, weil's auf keiner Landkarte steht." Und dann erzählte mir die Karotte alles, was ich von Birnberg weiß. Vom Dom, vom Wildgehege, von der Burg auf dem Kuniberthügel, vom Knangel, vom grünen Himmel und so weiter. Und daß die Birnberger nichts, aber auch gar nichts aus ihrer Stadt herausließen, keinen Brief, keine Zeitung, keinen Telefonanruf, nicht einmal eine Flaschenpost.

Dabei fließt der große Fluß direkt durch die Stadt. Natürlich fragte ich sie, wie sie es denn schließlich geschafft hätte bis hierher, wenn die Birnberger nichts und niemanden herausließen. Schuld war Martin, so erfuhr ich, der kleine Sohn von Schuhmacher Schmelzer. Er hatte in der letzten Februarwoche, als es noch einmal kurz und kräftig schneite, einen Schneemann gebaut, einen riesengroßen Schneemann. „Und du warst die Nase von diesem Schneemann?" „Erraten. Ich war die Nase. Und alle fanden den Schneemann ganz toll. Nur, am nächsten Tag kam die Sonne, und dann war der Zauber vorbei. Der Schneemann schmolz im Nu, und während Martin in der Schule war, brach das nasse Etwas ganz zusammen, ich fiel aus dem Gesicht heraus, kullerte die Böschung hinunter und plumpste in den Fluß. Keiner hat's bemerkt. Die Kinder waren in der Schule, der Polizist machte Vesperpause, die Erwachsenen arbeiteten und ich bin flußabwärts geschwommen, Tag und Nacht, Nacht und Tag, bis du mich herausgefischt hast."

Eine eigenartige Geschichte das. Ich habe auf allen Landkarten geschaut. Birnberg im Bayerischen habe ich tatsächlich nicht gefunden. Hat sie nun recht, oder hat sie die Geschichte nur erfunden? Wer kann schon einer dicken Riesenkarotte über den Weg trauen, die seit Tagen im Fluß geschwommen ist und vielleicht nur noch phantasiert, weil sei Karottenfieber hat oder Karottenkopfweh oder Karottenschüttelfrost. Aber mich stimmt doch sehr nachdenklich, daß ich auf keiner Landkarte Birnberg gefunden habe. Vielleicht hat sie doch recht, und es gibt die Stadt mit dem Dom und der Burg auf dem Kuniberthügel.

Jedenfalls: Wenn du mal durchs Bayerische fährst und eine Stadt entdeckst, die es auf keiner Landkarte gibt und die Mama und Papa und Onkel Herbert nicht sehen, dann ist das bestimmt Birnberg. Dann schau, daß die Eltern mit dem Auto anhalten. Sag einfach, du müßtest ein wenig herumspringen und dir täten die Beine weh vom langen Autofahren. Und wenn du dann Martin siehst, den Sohn vom Schuhmacher Schmelzer, dann bestelle ihm Grüße von mir. Und sag ihm, seine Riesenkarotte hätte es gut bei mir, er bräuchte sich keine Gedanken machen.

Der Luftballon im Kaktusgarten

Es war einmal ein Luftballon, der hieß Padongo und wohnte weit hinter den sieben Meeren in einem fernen Land – mitten in einem Kaktusgarten. Du kannst dir vorstellen, wie vorsichtig er sich bewegen mußte. Da war kein Tanzen und Hüpfen und Wirbeln möglich bei all den langen, spitzen Kaktusstacheln.

Man hatte ihm einen Umzug angeboten auf eine Blumenwiese, auf eine Hotelterrasse, sogar in einen Schloßgarten, aber nichts. „Ich bin hier geboren", sagte er, „und wo ich geboren bin, da bleibe ich auch." „Du hast einen furchtbaren Dickkopf!" sagten seine Freunde, der Hase Florian und Eusebio, der Papagei. „Du wirst noch platzen! Paß auf, irgendwann stößt du an einen Kaktusstachel und dann zerreißt es dich in tausend Fetzen." Nun muß man wissen, daß Eusebio früher Papagei bei einem Professor war, bis der vergessen hatte, wo er wohnte, und nicht mehr nachhause gekommen war. Da war Eusebio davongeflogen. Und nun war er ein gefragter Ratgeber, denn wer einmal bei einem Professor Papagei gewesen ist, der kennt die Welt und hat viel gehört. Und die Tiere auf dem Kaktusfeld hatten großen Respekt vor ihm. Wenn er zum Beispiel sagte: „Morgen scheint die Sonne", dann war das bestimmt auch so. Er kannte sich eben aus in der Welt. Und ganz abgesehen davon hatte es seit mehr als drei Jahren nicht mehr geregnet.

„Padongo, sei vernünftig, zieh weg von hier." Jeden Tag mußte er sich das anhören. Und das ging ihm auch ganz gehörig auf den Nerv. Aber du willst sicherlich wissen, warum Padongo nicht einfach davonflog oder beim geringsten Wind an den nächsten Kaktus stieß. Nun, er war angebunden. Es wußte keiner mehr so richtig, wie das alles gekommen war. Wahrscheinlich hatte ein Bus an der nahen Straße gehalten und – vielleicht – hatte ein Kind ihn während der Rast an einen vertrockneten Strauch gebunden und dann einfach vergessen. Kann sein. Vielleicht stammte er aber auch von einem Jahrmarkt oder einem Kinderfest und war einfach über die sieben Meere geflogen, und sein Faden hatte sich an dem Strauch verfangen. Keiner wußte es, nicht einmal Eusebio, der sonst alles weiß.

Eines Tages hatte Padongo das Gerede satt. „Morgen", sagte er, „morgen werde ich euch zeigen, daß meine Haut so dick ist wie eine Elefantenhaut. Morgen binde ich mich los und hüpfe von einem Kaktus zum anderen. Und alle Welt wird staunen über meinen Kaktustanz. Und dann will ich nichts mehr hören. Verstanden!?"

Sie waren alle aufgeregt: Florian, der Hase. Eusebio, der Papagei. Fips, die Klapperschlange, und der Igel

Caligula. „Ich kann ihm ja nicht helfen“, sagte Caligula. „Wenn ich ihm zu nahe komme, dann geht es ihm wie mit einem Kaktus. Bin halt ein Igel und kein Badeschwamm.“ Und Fips, der von Hause aus eigentlich eine Ringelnatter war, die sich in die Wüste verirrt hatte und der mit den Jahren Klapperschlangenzähne und ein Klapperschlangenschwanz gewachsen war, meinte: „Auch ich kann ihm nicht helfen. Wenn ich ihn fangen will – wie sollte ich das anders tun als mit meinem Mund – dann kommt er an meine spitzen Zähne und ... ihr wißt schon.“

„Nur du kannst ihn retten, Eusebio“, sagte Florian, der Hase. „Du bist der Klügste und kennst die Welt und müßtest wissen, wie man einen verrücktgewordenen Luftballon davor bewahrt, eine Riesendummheit zu machen.“ „Ihr kennt ihn“, sagte Eusebio. „Er ist ein Dickkopf. Er wird sich losbinden. Keiner wird ihn hindern. Reden nützt jetzt nichts mehr. Jetzt muß man handeln. Und vor dem Handeln muß man denken. Und vor dem Denken muß man schlafen. Und vor dem Schlafen muß man zwölf Kilometer fliegen, damit man auch müde wird.“ Sprach's und flog davon.

Was soll ich sagen? Vielleicht ist er zwölf Kilometer geflogen, vielleicht auch tausend oder noch mehr. Jedenfalls hatten am nächsten Morgen, als die Tiere erwachten und sich die Augen rieben, alle Kakteen ihre Stacheln verloren. „Wie das?“ fragte Florian. „Ein Wunder“, meinte Fips. Und Caligula, der Igel, schaute schnell nach, ober er denn auch seine Stacheln verloren hätte. Aber keine Sorge, die waren alle noch da.

Eusebio hüllte sich in Schweigen. Es war allen klar, Eusebio hatte das Wunder vollbracht, nur wie? Wie bekommt man zweihundertdreiundachtzig Kakteen dazu, ihre Stacheln zu verlieren?

Ich will es gleich sagen, ich weiß es auch nicht. Vielleicht hat er sie weggezaubert. Vielleicht hat er den Kakteen versprochen, jeden einzelnen Stachel zu vergolden. Vielleicht fällt auch dir etwas ein. Jedenfalls ist die Welt ohne Stacheln schon etwas einfacher, nicht nur für Luftballons. Padongo übrigens, unser dickköpfiger Luftballon, sagt nur: „Ha, das hätte ich mir denken können. Ihr habt mir den Erfolg nicht gegönnt. Komische Freunde seid ihr." Und dann war er beleidigt und sprach drei Tage kein Wort. Aber insgeheim war er froh, daß die Kakteen keine Stacheln mehr hatten. Denn in Wahrheit war er kein Held.

Vielleicht habe ich die Geschichte aber auch nur erfunden. Jedenfalls fuhr ich einmal mit dem Bus weit übers Land mitten durch die Wüste und machte Pause an einem Kaktusfeld. Und es gab keinen einzigen Stachel im ganzen Kaktusfeld, das hat mich schon sehr gewundert. Doch, halt! Einige Stacheln gab es. Die allerdings gehörten zu einem Igel, der gerade mit einem Luftballon Fußball spielte, und eine

Klapperschlange war Schiedsrichter. Oder spielte ein Hase mit einer Klapperschlange Fußball, und ein Luftballon tanzte Walzer mit einem Papagei? Ach, es ist schon so lange her. Ich vergesse so vieles. Ich war auch einmal – meine ich – ein Professor und hatte einen Papagei, der hieß Eusebio. Wenn ich mich recht erinnere. Oder hieß er Kasimir, oder vielleicht Rudolfo. Oder vielleicht war der Papagei eine Eule und ich war damals Schornsteinfeger und verliebt in einen Luftballon? Wer weiß. Ich bin viel zu müde vom Nachdenken. Ich sage immer: Vor dem Denken muß man schlafen, und vor dem Schlafen muß man zwölf Kilometer fliegen, damit man auch müde wird. Oder einfach Geschichten erzählen, die nicht enden wollen. So lange erzählen, bis die Augen müde sind und die Kakteen – über Nacht – ihre Stacheln verlieren. Oder sich losbinden und davonsegeln. Oder mit den Zähnen klappern. Oder in der Wüste den Bus stehenlassen und mit einem Luftballon über die sieben Meere fliegen ...

Der Vogel Miralu

Weit hinter dem Wald, drei Straßen weiter, dort, wo der große Baum steht, der im Herbst goldene Äpfel trägt, so groß wie Luftballons und mit roten Punkten, dort beginnt das Reich des Vogels Miralu. Das ganze Land dort hat man nach ihm benannt. Es heißt Miralunistan und ist zehn mal so groß wie unsere Stadt.

Dort erzählen die Flüsse Geschichten, wenn man sich auf die Brücken setzt. Erdbeeren, so groß wie eine Faust, kann man vom Baum pflücken. Der Wind, wenn er am Abend durch die Bäume rauschen will, klopft zuerst bei dir an und fragt dich, ob er auch nicht stört. Und die Wolken am Himmel kommen immer wieder, weil Miralunistan ein so freundliches und buntes und fröhliches Land ist.

Doch ich wollte vom Vogel Miralu erzählen. Es hat ihn eigentlich noch kein Mensch gesehen. Er ist nämlich ein ganz besonders geheimnisvoller und seltener Vogel. Im Winter sind seine Federn weiß wie der Schnee, im Frühling gelb und rot wie ein Tulpenbeet. Im Sommer sind seine Federn grün wie die Wiese mit vielen kleinen bunten Punkten auf den Flügeln. Und im Herbst, du kannst es dir nun fast schon denken, strahlt sein Kleid wie ein Weizenfeld in der Abendsonne. Und deshalb: Obwohl man ihn sieht, sieht man ihn doch nicht.

Und noch etwas ist eigenartig: Immer wenn es bei uns Montag ist, ist es bei ihm Dienstag. Ist bei uns Freitag, dann ist bei ihm Samstag. Er ist uns immer einen Tag voraus. Kein Wunder, daß ihn keiner sieht.

Und singen – Freunde –, singen kann er wie Gerardo Mortadella, der berühmte Sänger aus Italien. Nur, es hat ihn eigentlich noch keiner gehört. Weil, aber das weißt du schon, wenn er dienstags singt, dann ist ja bei uns Montag, und wir hören die Montagsautos und den Montagszug und die Montagsmaschinen hinter der Eisenbahn. Und doch, wenn du nach Miralunistan kommst – du hörst es, auch wenn du es nicht hörst. Von überall her klingt es wie Lachen und Singen, wie der Wind im Birkenwald und wie die berühmte Geige vom Apotheker. Wie die Glocken von der Kirche, nur viel leiser.

Schade, daß man ihn nie sieht. Schon deshalb, weil es schön wäre, wenn man sich bei ihm bedanken könnte. Für die Farben und für den Gesang und die Fröhlichkeit.

Übrigens, man sagt, es gebe doch eine Möglichkeit, den Vogel Miralu zu sehen. Der Vogel würde dann knallrot und so groß wie ein Löwe und würde krähen und heulen wie Onkel Herberts alte Bohrmaschine, die schon dreißig Jahre alt ist und früher einmal ein Motorrad war. Es ist natürlich ein Geheimnis. Man darf es eigentlich nicht weitererzählen, wie man überhaupt ja Geheimnisse nicht weitererzählen soll. Aber dir könnte ich es vielleicht doch anvertrauen.

Nun, der Vogel Miralu wird dann so knallrot und so groß wie ein Löwe und krächzt so laut wie eine Ratterkiste, wenn er einem Menschen begegnet, der unterwegs ist, einem anderen weh zu tun. Aber solche Menschen gibt es nicht in Miralunistan, weil sie das Land des Vogels Miralu gleich gar nicht finden.

Und so bleibt es, wie es ist. Er ist da, so schön wie kein zweiter. Jeder weiß es, daß er da ist, und doch hat ihn keiner gesehen. Jeder spürt seine Fröhlichkeit und hört sein Lied, und doch kann keiner auf ihn zeigen. Er ist uns eben immer einen Tag voraus.

Mal sehen, vielleicht gelingt es uns eines Tages, einen Tag zu überspringen. Von Montag in einem Sprung auf den Mittwoch. Oder vom Freitag direkt in den Sonntag. Und dann würden wir ihn sehen. Oder er wartet. Läßt zweimal Dienstag sein, so daß wir nachkommen können. Oder zweimal Sonntag, das wäre noch besser. Das wäre schon fast wie Ferien in Miralunistan, diesem wunderschönen Land weit hinter dem Wald, drei Straßen weiter, dort wo der große Baum steht, der im Herbst goldene Äpfel trägt, so groß wie Luftballons und mit roten Punkten.

Wie der Marienkäfer vom Schnarchen geheilt wurde

Es war einmal ein Marienkäfer, der hieß Waldemar, wohnte auf einem Kirschbaum und hatte grüne Augen. Und sieben schwarze Punkte hatte er auf seinen roten Flügeln, wie viele andere Marienkäfer auch.

Aber Waldemar hatte ein Problem. Er war ganz allein auf dem Baum. Kein anderer Käfer, kein Vogel, keine Raupe – niemand wollte bei ihm wohnen. Tagsüber war das halb so schlimm. Da flog er durch den Garten und spielte mit anderen, aß Blattläuse und setzte sich Magdalena, die ein Kind war und Marienkäfer besonders mochte, auf die Hand. Doch nachts, wenn keine Sonne mehr schien, die Vögel, die Käfer und auch Magdalena schon schliefen, da war er doch sehr alleine. Du willst wissen, warum? Ja, das lag daran, daß er furchtbar schnarchte. Wenn deine Schwester schnarcht, das ist schon ganz schön laut. Und wenn Oma schnarcht, dann kann man im Zimmer nebenan schon nicht mehr schlafen. Aber Waldemar schnarchte so laut, daß der ganze Baum wackelte. Die Vögel fielen aus ihrem Nest, und die Raupen plumpsten vom Ast auf die Erde. Also waren sie alle ausgezogen. Und nun lebte Waldemar allein auf dem Baum.

Katinka, die Schmetterlingsfrau, hatte gesagt: „Du mußt Pfefferminztee trinken, dreimal eine Tasse vor dem Schlafen, dann hört das Schnarchen auf." Und Waldemar hatte Pfefferminztee getrunken, drei Tassen, fünf Tassen, zehn Tassen. Da mußte er wohl die ganze Zeit aufs Klo rennen, aber wenn er einmal eingeschlafen war, schnarchte er wieder wie ein Weltmeister.

„Leg dir einen Kieselstein unter die Zunge", meinte das Rotkehlchen mit dem schönen Namen Veronika Waldstrand, „leg dir einen runden, flachen Stein unter die Zunge, und du wirst sehen, das Schnarchen ist weg, als ob es nie dagewesen wäre." Das war leichter gesagt als getan. Bis sie erst einen Kieselstein gefunden hatten, der so klein war, daß ihn Waldemar in den Mund bekam, das allein war schon ein Abenteuer. Und als er dann – den Stein endlich im Mund – einschlief, da verschluckte er sich beim ersten Schnarchen und wäre fast erstickt, wenn er nicht vor lauter Schreck vom Baum gefallen wäre.

„Das muß ein Ende haben", sagte die Eule Genoveva. „Jetzt sind schon alle auf andere Bäume umgezogen, und trotzdem macht er die Nacht zum Tag, auch wenn er ausnahmsweise mal nicht schnarcht. Wir müssen uns gemeinsam etwas einfallen lassen."

Am nächsten Tag machten die Tiere ein großes Treffen bei der Schaukel im Garten. Auch Magdalena war dabei und hatte Körner und Kekse mitgebracht. Denn alle waren müde und hungrig und hatten vor lauter Aufregung gar nichts gegessen.

„Wir brauchen eine Muschel“, sagte die Eule Genoveva. „Eine Muschel?“ „Waldemar braucht eine Muschel, in die er nachts hineinkriechen kann. Darin hört er erstens das Meer rauschen, und das beruhigt. Und zweitens wacht er von seinem eigenen lauten Schnarchen auf und wird es sich mit der Zeit abgewöhnen. Und drittens sind Meersalz und Seewasser gesund für die Atmung.“ „Wenn du meinst“, sagten die anderen Tiere. „Du bist die Klügste unter uns.“

Da schrieb Katinka, die Schmetterlingsfrau, einen langen Brief an ihren Vetter Reinhold. Der war Schmetterling in der Stadt auf den vier Bäumen vor dem Postamt. Und Reinhold redete mit Gloria, einer Schwalbe. Die wiederum kannte von einem gemeinsamen Urlaub in Italien ein Buchfinkenweibchen in einem Vorort von Bremen. Das wieder war befreundet mit einer Möwe, die Verwandte in Ostfriesland hatte. Eben diese Möwe – sie hieß Astrid und hatte ganz weiße Federn – schickte nun mit Eilpost die schönste Muschel, die sie finden konnte, an Magdalena. Was war das für ein Fest, als Magdalena eines Morgens in den Garten kam mit einem großen Paket! Alle standen sie dabei und staunten über die schöne Muschel, die auch wirklich sehr nach Meer roch. Und innen drin war sogar noch etwas Meerwasser.

„Und ihr meint, ich soll darin schlafen?“ fragte Waldemar, der Marienkäfer. Es war ihm nicht ganz geheuer. Denn in der Muschel hörte er das Meer rauschen, und es roch nach Salzwasser und Fisch. Aber schließlich trippelte er doch mit seinen kurzen Beinen hinein und roch und schaute und hörte – und war am Ende ganz begeistert. „Das ist ja wie im Urlaub!“ sagte er.

Und tatsächlich, in der ersten Nacht schnarchte er noch ein wenig, in der zweiten Nacht schnarchte er schon leiser, und ab der dritten Nacht hörte man keinen Ton mehr, nur ab und zu ein zufriedenes und glückliches Seufzen aus der Muschel. Ja, und damit war alles wieder in Ordnung im Garten. Magdalena legte die Muschel in ein Astloch, so tief hinein, daß der Wind sie nicht wegblasen konnte. Und die Tiere zogen wieder auf den Baum, und Waldemar, der ja so viele Freunde hatte, war nun auch nachts nicht mehr allein.

Nur, du mußt aufpassen: Wenn du zufällig in einer Baumhöhle oder sonstwo im Garten eine Muschel findest, dann schau erst ganz vorsichtig, ob nicht ein Marienkäfer drin wohnt. Es könnte Waldemar sein, der vom Meer träumt und von klugen Freunden und von Kindern, die die Tiere verstehen können, wie Magdalena.

Rudi Rutschig

Er hieß Rudi Rutschig, war von Beruf Regenwurm und lebte im Sommer auf dem Land, hundertundeinige Meter südlich der großen Kastanie in Lehrer Morgenblaus Garten zwischen zwei Kompostkästen. Im Winter zog er sich gerne in die Stadt zurück zu seinem Bruder Edgar. Der lebte im Wintergarten eines Medizinalrates als gerngesehener Gast und sorgte für genügend Auflockerung der Topfblumenerde. Rudi zog dort meist nach dem ersten Frost im November ein. Er nahm nur wenig von seinen Habseligkeiten mit, ein paar Bücher vielleicht für die langen Winterabende; zwei, drei Flaschen Wein, etwas Landwurst und die frischen Kräuter, die sein Bruder Edgar so sehr schätzte, bekam er doch nur getrocknete, und das nicht regelmäßig.

Ihr Leben im Wintergarten war eigentlich sicher und bequem. Sie hatten – ein jeder – tagsüber jeweils einen Blumentopf durchzuwurmen. Nach 17 Uhr hatten sie Freizeit, erhielten Kräuter, manchmal auch einen Butterkeks als Belohnung und einen Schoppen Wein vom Faß. Damit zogen sie sich in ihre Höhle unter der Christrose zurück und hatten Feierabend.

Soweit, so gut. Aber Rudi konnte sich an den Lärm in der Stadt nicht gewöhnen und war deshalb mehr und mehr trotz Schlummertrunk und gutem Zureden von Schlaflosigkeit geplagt. Einmal, weil der Herr Medizinalrat Pfeife rauchte, schlimmer als ein ganzer Ozeandampfer. Des anderen weil die Türklingel bis spät in die Nacht läutete, nicht weniger auch das Telefon. Zum dritten, weil der Herr Medizinalrat so gerne Strawinsky hörte und Tag und Nacht Schallplatten auflegte. Das mag ja dem einen oder anderen Menschen gefallen, aber für Regenwürmer ist diese Musik – sagen wir vorsichtig zurückhaltend – extrem gewöhnungsbedürftig. Darüber hinaus störte ihn der Lärm von der Autostraße, die Zugluft vom undichten Fenster, der Geruch des Insektengiftes vom Fenstersims und das stetige Prasseln der Regentropfen an die Fensterscheibe. Kurz gesagt: Man konnte ihm gar nichts recht machen, und er war eine richtige Nervensäge.

Bruder Edgar fürchtete schon um seine Anstellung, wenn die Medizinalrats dahinterkämen, daß der Schutzsuchende so unzufrieden durch die Blumen wurmte, die Arbeit gar vernachlässigte und nachts trübsinnigen Gedanken nachhing.

Edgar beriet sich mit der Küchenuhr. Die sagte kurzerhand: „Wenn du diese Last loswerden willst, dann wirf ihn raus!“ „Das ist doch keine Last, das ist mein Bruder“, entgegnete Edgar eingeschnappt. Als die Maus auf einer Tour durch die Häuser der Straße wieder einmal bei ihnen vorsprach, klagte er auch ihr sein Leid. Sie jedoch meinte: „Mach doch einen Spaziergang mit ihm zum Anglergeschäft. Die suchen täglich frische Köder, zwei Dutzend für eine Mark achtzig. Liefere ihn kostenlos ab, dann bist du die Plage los." „Er ist doch keine Plage, er ist mein Bruder", sagte Edgar und erschrak bei der Vorstellung, sein eigener Bruder hinge aufgespießt an einem Angelhaken im Feuerwehrteich und würde ratzekahl von einem Barsch gefressen.

Wochen später kam die Maus wieder bei Edgar vorbei, diesmal in Begleitung einer Bekannten, etwas dünner und ärmlicher von Aussehen. „Eigentlich wohne ich in der Franziskuskirche", meinte diese, „aber da ist es im Winter so kalt, sie haben keine Blumen, das Abendmahlsbrot schließen sie weg und, und Unterhaltung gibt es auch keine. Gerade zweimal eine Stunde in der Woche spielt die Orgel. Wie soll man so leben können als kultureller Mensch."

„Du könntest ja mit mir tauschen", meinte Rudi plötzlich ganz aufgeregt. Bring mich in die Kirche und kümmere du dich hier um die Pflanzen. Ein Stückchen Käse und Brot fällt garantiert auch noch ab. Wir haben beste Beziehungen zur Küchenuhr."

Die Kirchenmaus schaute sich im Wintergarten um, roch das Mittagessen aus der Küche, überlegte nicht lange und schlug in den Handel ein. Ihr ging es auch drei Tage sehr gut. Doch am vierten Tag wurde sie von der Hauskatze in der Küche entdeckt und mitsamt Käse umgehend gefressen.

Rudi Rutschig, unser Regenwurm, war in die Kirche gezogen. Er wohnte in einer kleinen Höhle zwischen

Sakristei und Chor, freute sich auf die beiden Gottesdienste mit Orgelspiel in der Woche, aß fleißig die heruntergefallenen Brotreste, zehrte von Hustenbonbons und Kaugummis, suhlte sich im Dreck schmutziger Schuhe und in den Pfützen, die Regenschirme hinterlassen hatten, hatte sonst aber wenig Arbeit. Am tollsten war es über Weihnachten: die Lieder, die Lichter, die Süßigkeiten, das Obst. Und dann diese wunderbare Krippe. Gleich neben dem Kind im Heu fühlte er sich am wohlsten, mitten in herrlicher Musik, im Duft des Festes und vollgefressen mit allen Kostbarkeiten.

Im Februar, als die Krippe abgebaut wurde, sprach er beim Pfarrer vor und bot ihm an, im Herbst wiederzukommen unter gleichen Bedingungen. Nur hier könne er sich voll entfalten und nur hier hätte er nachts die nötige Ruhe. Und der Pfarrer, der modern war, Tiere liebte und Spaß verstand, gab ihm einen festen Vertrag als Regenwurm in der Franziskuskirche. Nach diesem Vertrag hatte er bei freier Kost und Logis sowie einem Taler Gehalt pro Woche mit Ochs und Esel zusammen in der Weihnachtszeit die Tierwelt bei der Geburt des Erlösers zu vertreten. Rudi unterschrieb und zog stolz in seine Sommerresidenz. Die anderen dort staunten nicht schlecht, als Rudi Rutschig, den sie als vollkommen ortsüblichen Regenwurm mit minderer Schulbildung kannten, plötzlich einige Sätze Lateinisch sprach, vor dem Essen betete und sich abends die Zähne putzte. Und sonntags weigerte er sich, Erde zu wurmen, denn Sonntag war Sonntag! Und im stillen übte er schon die Weihnachtslieder. Manchmal entfuhr ihm gar ein fröhliches Hosianna oder Halleluja.

Die Kirschin Elfriede

Sie war eine Kirschin und hieß Elfriede. Sie wollte nicht gegessen werden, weder von einem Menschen noch von einem Tier. Und als Michael, der Sohn vom Eisenwarenhändler Reißelzwick, kam, um die Kirschen zu pflücken, sagte sie Adieu zu den anderen – „Ihr landet im Einmachglas. Aber ich werde die Welt sehen!" – , sprang flink von dem Baum, auf dem sie wohnte, auf den Boden und machte sich aus dem Staub. Aber sie kam nicht weit. Eine Maus sah Elfriede kullern, schnappte sie sich und schleppte sie zu ihrem Mauseloch. „Ein gutes Stück für schlechte Tage", dachte die Maus. Aber sie hatte sich getäuscht. Denn während sie sich mit der Kirschin beschäftigte, kam die Katze und fraß sie auf mit Haut und Haaren. „Igitt", sagte Elfriede, als nur noch der Schwanz herausschaute, und hielt sich die Hände vor die Augen. „Erst die Maus, und dann ich", dachte sie. Doch die Katze verzichtete auf einen Nachtisch und legte sich zu einem Verdauungsschläfchen auf das Garagendach neben der Apotheke.

Da lag nun Elfriede neben dem Mauseloch. So mutig sie ihre Weltreise begonnen hatte, so früh schien sie zu enden. „Was soll's", dachte sie, „besser lebendig im Mauseloch als verspeist in einem Bauch." Und so kullerte sie in das Loch, erholte sich erst einmal von dem Schreck und freute sich des Lebens. Mehr und mehr gewöhnte sie sich an die neue Umgebung. Tagsüber, wenn draußen vor dem Mauseloch die Sonne schien und die Kinder spielten, machte sie es sich bequem, las Kriminalromane oder lernte Englisch, denn sie wollte eigentlich einmal nach Australien auswandern. Nachts kroch sie heraus aus dem Loch und ging spazieren.

Eines Nachts geschah es. Sie hatte wieder gewartet, bis niemand mehr unterwegs war, war aus dem Mauseloch geklettert, um sich die Beine zu vertreten, da sah sie ihn. Es war Liebe auf den ersten Blick! So etwas Gewaltiges und Schönes, so etwas Strahlendes und Liebliches hatte sie noch nie gesehen! „So rund wie ich“, seufzte sie. Er ist rund und glänzt schöner als alle Kirschen der Welt. Er muß an einem Baum hängen, größer als der größte Kirschbaum, nein: größer sogar als die alte Eiche auf dem Schulhof. (Und die war schon höher als der Kirchturm!) Und kullerdihopps hatte sie sich in den Mond verliebt.

„Wolke“, sagte sie, „nimm mich mit! Ich muß zu ihm.“ „Zum Mond?“ fragte die Wolke erstaunt. „So heißt er also. Mooont. Was für ein schöner Name. Moont.“ Und das „t“ war nur noch ein Hauch. Ach, es ist schon schlimm, wenn dich die Liebe einmal erwischt hat. „Ja, nimm mich mit und bringe mich zu seinem Baum.“ „Ein Stück mitnehmen kann ich dich“, meinte die Wolke, „aber bei den hohen

Bergen mußt du umsteigen, da fliege ich nicht weiter." Elfriede machte sich rasch noch etwas zurecht, zog das kleine schwarze Kleid an, mit dem sie bei den Kirschen auf dem Baum so großen Erfolg gehabt hatte, stieg auf die Wolke und flog davon. Hier war, um es gleich zu sagen, alles noch viel schöner als auf dem Baum oder im Mauseloch. Der Sitzplatz war kuschelig weich und die Sicht hervorragend. Der Mond schien so strahlend hell, daß die ganze Welt in Silberpapier eingepackt schien, ganz wie eine Tafel Schokolade. Sie sah die Apotheke, den Kirschbaum, den Schulhof und den Kirchturm immer kleiner werden und genoß das neue Leben. „Paß auf, daß du dich nicht verläufst hier", meinte die Wolke. „Du bist so klein, ich würde dich kaum wiederfinden. Wer bist du denn eigentlich?" „Ich heiße Elfriede und bin eine Kirschin. Jawoll!" sagte sie. „Und klein bin ich überhaupt nicht. Ich bin groß und schön. Und eines Tages werde ich auswandern nach Australien, und dann nehme ich den Moont mit, – wenn er Englisch kann. Wenn nicht, bringe ich es ihm bei." Da schwieg die Wolke und dachte sich ihr Teil. Denn Wolken sind weit herumgekommen, kennen sich aus und sind weise. „Sie kommt auch noch dahinter, sie ist ja jung", dachte sie sich und flog davon Richtung Berge, etwas behutsamer als sonst, damit der Kirschin, die Elfriede hieß und sich in den Mond verliebt hatte, nichts passierte. Aber es kam, wie es kommen mußte. „Halt dich fest", rief die Wolke. „Die Landung wird etwas unsanft!" Doch nicht nur das. Plötzlich war da immer weniger Wolke und immer mehr Nebel. Und Tropfen, erst ganz klein, dann immer dicker. Und dann rumpelte es und pfiff und blubberte und pflatschte, und Elfriede stieß pitschnaß an eine Zwergkiefer, kullerte über einen Felsen, plumpste in ein Alpenröschen – und das alles in dichtem Nebel! Aber das war noch nicht alles. Der Wind pfiff, sie konnte sich nicht halten und kullerte und kullerte, landete in einem kleinen Bach, raste hüpfend und springend und schwimmend den Berg hinunter, in immer schnelleren und höheren Sprüngen, vorbei an Kaninchen und Kohlbeeten, durch Blumengärten und über Garagendächer. Elfriede hatte sich ihrem Schicksal ergeben, die Augen geschlossen und sagte der Welt adieu. Aber plötzlich tat es einen Ruck, links und rechts schlug sie an eine Wand, prallte unsanft auf den Boden und lag still. Sie wagte kaum die Augen zu öffnen. Sie spürte: Hier war es trocken. Bewegen konnte sie sich nicht mehr. Ihr Kirschinnenstiel war gebrochen, die Kirschinnenhaut hatte blaue Flecken, und ihr Kirschinnenkern war durcheinander wie der Magen einer Landratte bei Windstärke 12 auf dem Meer. Deshalb blieb sie einfach liegen und genoß wenigstens die Ruhe. Als sie schließlich die Augen öffnete, machte sie eine überraschende Entdeckung: Sie war genau dort gelandet, wo sie auch gestartet war: in ihrem Mauseloch. Sie kroch zu ihrem Küchenherd, stellte Wasser auf und machte sich einen Kamillentee für den Magen, Kamillenumschläge für den Stiel und

Kamillendämpfe für ihre zarte Kirschinnenhaut. Dann legte sie sich ins Bett und schlief acht Tage. Als sie wieder erwachte, sah die Welt schon viel besser aus. Wohl hatte sie immer noch einige blaue Flecken und Schrammen, aber sie konnte wieder stehen. Es wurde Nacht, und sie machte sich auf zu ihrem ersten Spaziergang nach dem Wolkenabenteuer. Doch sie erschrak, als sie ins Freie geklettert war und am Himmel ihren Freund suchte. Der „Moont" war ganz schmal geworden, gar nicht mehr rund. „Er ist traurig", dachte sie. „Ich habe ja alles versucht, aber es geht nicht. Vielleicht passen wir doch nicht zusammen." Als sie schließlich in ihrem Mauseloch in den Spiegel schaute, erschrak sie ein zweites Mal: Sie hatte Falten, und ihre Haut glänzte nicht mehr. Kleiner war sie geworden und etwas schrumpelig. Und nun spürte sie auch die Müdigkeit am ganzen Leib.

Der Sommer ging dem Ende zu. Eines Nachts kam auch der Mond gar nicht mehr. „Vielleicht hat er eine andere Kirschin gefunden und ist zu ihr gezogen und hängt nun an einem Baum in Australien." So dachte sie und zog sich in ihr Mauseloch zurück. Nachts ging sie auch gar nicht mehr spazieren. Doch tagsüber lernte sie immer noch Englisch und schrieb ein Buch über die unglückliche Liebe zwischen einer Hühnerfeder und einer Wolke. Sie war immer ruhiger geworden, fast schon träge. Eines Nachmittags war sie schon nach wenigen Stunden so müde, daß sie sich ins Bett legte und einschlief. Und als der Mond im nächsten Monat wieder über der Apotheke und dem Kirschbaum aufging, schlief sie immer noch. Nein, er war nicht in Australien geblieben, hatte sich auch nicht in eine andere Kirschin verliebt und war auch wieder rund und schön. Er strahlte und glänzte wie damals, als ihn Elfriede zum ersten Mal gesehen hatte.

Und wenn du selbst ein Mauseloch im Garten hast und gar in der Nähe von einer Apotheke oder einem Kirschbaum wohnst, dann grabe es nicht gleich auf. Vielleicht liegt darin die Kirschin Elfriede und wartet auf den Frühling. Denn dann wird sie als ein kleiner Kirschbaum aus der Erde wachsen. Und der Mond wird staunen, wenn eines Tages aus der kleinen hübschen Kirschin Elfriede ein großer starker Baum geworden ist. Und dann können sie sich gegenseitig wieder sehen und zuwinken. Aber vielleicht hat Elfriede bis dahin den Mond einfach vergessen und mag nun die Sonne oder die Laterne an der Ecke Schillerstraße/Marktplatz, oder die Kinder, die auf ihr klettern und sagen: „Elfriede, du bist ein wunderbarer Kletterbaum!“ Und im Sommer hängen sie Lampions in ihre Äste und feiern ein Fest, mittags sitzen die Erwachsenen im Schatten ihrer Blätter, und ab und zu kommt sogar der Spielmannszug vorbei oder der Bus, der die Menschen vom Bahnhof in die Stadt bringt. Und im Winter wird Schnee fallen und sich auf ihren weiten Ästen und starken Zweigen ausruhen. Und die Kinder werden Handschuhe und Mützen an ihren Zweigen zum Trocknen aufhängen. Und im Frühling wird sie blühen, eine Blüte neben der anderen. Und die Menschen, die zum Einkaufen gehen, werden stehenbleiben und sagen: „Schau, wie der Kirschbaum so herrlich blüht. Ist das nicht eine Pracht! Der Kirschbaum ist berühmt. Er heißt Elfriede und war schon einmal in Australien!“ Was die Leute eben so reden, bis der Tag herum ist.

„Ach, was ist das für ein schönes Leben“, denkt Elfriede im Schlaf, seufzt glücklich und zufrieden und dreht sich auf die andere Seite. Und dabei hat es doch eben erst begonnen.

Onkel Herbert

Es ist gut, wenn man einen hat wie Onkel Herbert. Er kann so von Afrika erzählen, daß du meinst, die Sonne brenne auf deinen Rücken oder ein Tiger sitze hinter dem Schrank oder ein Affe spiele Katabonga. Du weißt nicht, was eine Katabonga ist? Ich eigentlich auch nicht. Aber Onkel Herbert sagt, das sei ein Instrument, das man gleichzeitig zupfen, blasen und schlagen könne. Also so etwas wie ein Schlagzeug mit Saiten oder eine Trompete mit Trommelfell. Aber manchmal erfindet er einfach auch Dinge und Menschen und Geschichten, und dann weiß man nicht, was wahr ist und was er erfunden hat. Vielleicht weiß er es selbst nicht. Tante Erna jedenfalls sagt, er sei ein alter Spinner. Dann winkt er nur ab und zwinkert mir zu, als wolle er sagen: Laß sie nur reden, sie hat keine Ahnung. Onkel Herbert war nämlich Seemann, sagt er. Und das erklärt vieles.

Am schönsten ist es, wenn wir allein sind. Onkel Herbert sitzt in seinem Korbsessel, hat sich seine Pfeife aus Meerschaum angezündet und sagt lange nichts. Da ist die Wand, und er schaut einfach hindurch. Sitzt da und sieht aus, als ob er durch die Wand zum Schreinermeister Knorr schauen könnte, oder bis zum Rathaus, oder bis zum Waldrand.

Wenn er diesen Blick hat, mit dem er durch Wände sehen kann, darf man ihn nicht stören. Und wenn er lange so geschaut hat, seufzt er mit einem mal ganz tief. „Ja, ja", sagt er dann. „Chja, chja." Und dann beginnt er zu erzählen. Onkel Herbert ist herumgekommen in der Welt. Er kennt den Wilden Westen so gut wie du die Schublade, in der Oma immer die Schokolade aufbewahrt. „Und China, meine Güte China", sagt er. „China ist eine Sache für sich", sagt er. „In China essen sie faule Eier und Kuhmist", sagt er. „Und die Männer haben Bärte, drei Meter lang, Kind", sagt er. „China ist eine Sache für sich." Dann nickt er lange, bekommt wieder diesen Blick – du weißt ja, mit dem er durch Wände schauen kann – und schweigt lang. Und wenn dann keiner stört, keine Polizeisirene, keine Kirchenglocken und auch nicht Tante Erna, wenn man ihn dann in Ruhe läßt, dann beginnt er plötzlich zu erzählen.

„Es war in Tschang-weng-bong-hao, weißt du, einer kleinen Stadt am großen Jangtsekiang. Da hatten wir angelegt mit unserem Schiff, um Ladung aufzunehmen. Große Ballen mit Seide. Weißes Seidentuch, goldenes Seidentuch, kostbarste chinesische Seide für die großen Modeläden in Paris und Rom und Berlin. Ein ganzes Schiff voll Seide. Da steht der Kerl vor mir, groß wie ein Bär und flink wie ein Wiesel. Schaue ich rechts, steht er links. Schaue ich links, steht er rechts. Und grinst mich an wie ein Affe bei Neumond. Und legt mir die Hand auf die Schulter und sagt: 'Du mitkomm!' Ich hätte mich am liebsten verkrochen wie eine Maus unterm Bett, aber er: 'Du mitkomm!'" Und wie er das erzählt, bekomme ich eine Gänsehaut und stelle mir vor, was irgend so ein Bandit mit meinem Onkel Herbert in Tschang-weng-bong-hao wohl angestellt haben könnte. Ob er seit damals auf einem Bein hinkt? Oder ob ihm seit damals die beiden Zähne fehlen? Und dann bekommt er wieder diesen Blick, und du merkst: Jetzt ist er ganz weit weg, in Tschang-weng-bong-hao am Kai, und dieser Riese hat ihm die Hand auf die Schulter gelegt, und keiner kommt ihm zuhilfe. Und du siehst den Riesen mit Onkel Herbert hinter einem muffigen Eckhaus in eine Straße verschwinden. „Ja, Kind" sagt er, „chja, Kind, das war's dann wohl. Da macht der Kerl plötzlich eine Tür auf, stößt mich in einen Hausflur und ..." „Schluß jetzt mit diesen Geschichten!" Tante Erna steht unter der Tür, hat zwei Schälchen mit warmem Schokoladenpudding mit Vanillesoße in der Hand. Eins für mich und eins für Onkel Herbert. „Glaub' ihm doch nicht alles, was er erzählt. Der alte Schwindler ist doch nicht einmal bis Hamburg gekommen, und dir erzählt er von China." Onkel Herbert schweigt. Später, als Tante Erna außer Reichweite ist und wir unseren Schokoladenpudding löffeln, sagt er: „Ja, Kind" sagt er, „chja, Kind, laß sie mal in diesem Glauben. Sie weiß nicht alles. Muß ja auch nicht sein. Sie ist nicht so gesund, wie sie tut. Man muß sie schonen. Das erinnert mich an unseren Koch. Wir lagen damals nicht weit vor Dschimbaja. Dschimbaja, du weißt, das ist die Insel der Piraten.

Und wir hatten Kaffee geladen, Kaffee und Kakao – und unter den Kaffeebohnen pures Gold.“ Und wieder bekommt er den Blick durch die Wände, und du siehst Schwarze, die Kaffeebohnensäcke schleppen, fluchende Händler und gefährliche Piraten. Und du könntest ihn ins Bein zwicken, er würde nichts merken. Jetzt ist er mit seinen Gedanken in Tschangweng-bong-hao oder Dschimbaja und verteidigt sein Gold. Und hat es gar nicht nötig, sich als Helden herauszustellen oder als Abenteurer. Ganz und gar nicht. Wenn man meint, daß er jetzt beginnen würde, von seinen Heldentaten zu erzählen, dann schweigt er und kriegt diesen Blick. So ist Onkel Herbert. Bescheiden. Und weise. Er kennt die Welt wie kein zweiter. Er ist zur See gefahren. Und das mit Dschimbaja wird er mir ein andermal erzählen, wenn Tante Erna uns nicht stört.

Das mit dem Blick durch die Wand, das gefällt mir. Ich habe mir fest vorgenommen, das auch zu probieren. Wenn Mama meint, ich soll die Geschirrspülmaschine leeren, oder der Lehrer Flinkenblei sagt, ich soll im Schulhof das Papier auflesen. Einfach durch die Wand gucken und von Dschimbaja träumen, von Kaffeebohnen, Piraten und tausend Goldstücken. Wie Onkel Herbert.

Es war einmal

In alten Zeiten, als das Wünschen noch geholfen hat und Riesen im Wald hinter unserem Dorf hausten, da lebte im Schloß am Kunigundensee eine Prinzessin mit ihrem Vater, dem König. Nachts schlief sie in ihrem goldenen Bettchen, tagsüber aß sie mit ihrem goldenen Löffelchen von ihrem goldenen Tellerchen, und nach dem Essen spielte sie im Schloßgarten mit einem goldenen Butterkeks. Kam ein Frosch und wollte an dem goldenen Butterkeks knabbern, dann schnappte sie ihn, steckte ihn in ihre seidene Tasche und lief zum Schloß. Dort warf sie ihn an die Wand, weil sie irgendwo gehört hatte, daß ein Frosch, wenn er von einer Prinzessin an die Wand geworfen wird, sich im Nu in einen schönen Prinzen verwandelt. Aber irgend etwas ging immer schief. Denn, sooft sie einen Frosch an die Wand warf, verwandelte sich dieser in ein goldenes Tellerchen, und der König war schon ganz verzweifelt, weil bald alle Zimmer im Schloß vollgestopft waren mit goldenen Tellerchen und er keine goldenen Tellerchen mehr sehen konnte – und goldene Löffelchen auch nicht. „Wann hörst du endlich damit auf, unschuldige Frösche an die Wand zu werfen? Du stürzt uns alle noch ins Unglück! Kannst du denn nicht wie andere Mädchen in deinem Alter im Garten seilhüpfen, mit Puppen spielen oder mit einem

Ball?" jammerte er jeden Mittag, wenn sie wieder bei Tisch saßen und mit ihren goldenen Löffelchen von ihren goldenen Tellerchen aßen. Mittlerweile war es im Eßzimmer schon zu eng geworden, und sie fanden vor lauter goldenen Tellerchen kaum noch Platz zum Essen. Denn am Vormittag war die Prinzessin schon wieder mit sechs Fröschen ins Schloß gekommen. „Es muß etwas geschehen", sagte Heinrich, der treue Schloßdiener. „Wir sperren den Schloßgarten für Frösche!" Gesagt, getan. Heinrich stellte überall Warnschilder auf, und die Frösche wanderten ab zum Kunigundensee, wo sie niemand mehr an die Wand warf. Aber die Erleichterung war von kurzer Dauer. Nun brachte die Prinzessin Regenwürmer ins Schloß. Und als der arme Heinrich den Schloßgarten für Regenwürmer sperrte, brachte sie Käfer, Mäuse, Salamander; zum Schluß, als gar keine Tiere mehr im Schloßpark waren, warf sie Steine an die Wand, und auch sie verwandelten sich im Nu in goldene Tellerchen. Längst hatten Arbeiter unten vom Tal Hütten und Scheunen, ganze Lagerhallen am Palast angebaut für die goldenen Tellerchen. Und der König aß und trank nichts mehr, blieb den ganzen Tag im Bett und wollte keine goldenen Tellerchen mehr sehen. „Ein Königreich für einen Blechnapf!" jammerte er in sein Kopfkissen. „Warum bin ich nur gestraft mit dieser Tochter?" Der arme Heinrich war ganz verzweifelt, weil er den guten König so leiden sah und nicht helfen konnte. Da packte ihn die Wut, er stürzte ins Eßzimmer, wo

1000,-DM
PRO STK.

die Prinzessin wieder mit einem goldenen Löffelchen von ihrem goldenen Tellerchen aß, blieb mit hochrotem Kopf vor ihn stehen und schrie: „Prinzessin, du bist eine dumme Gans, ein Miststück, ein ungezogenes Gör und eine Strafe für die ganze Menschheit!" Da wurde die Prinzessin zornig, schlug mit der Faust so kräftig auf den Tisch, daß ihr goldenes Tellerchen tanzte und ihr goldenes Löffelchen hüpfte. „Du alter Grobian! So redet man nicht mit einer Prinzessin!" Und in ihrer Wut nahm sie ihr goldenes Tellerchen und warf es mit aller Gewalt nach dem armen Heinrich. Der konnte sich gerade noch bükken, und so knallte das goldene Tellerchen an die Wand und tat einen fürchterlichen Krach und rauchte, und Funken stoben und Ruß wirbelte durch die Luft. Und als die Prinzessin und der arme Heinrich sich von ihrem Schrecken erholt hatten, stand da ein stattlicher junger Krämer in grauem Anzug und blauem Hemd und gestreifter Krawatte und war schön anzusehen. Und die Prinzessin schloß ihn in die Arme und nannte ihn ihren Märchenprinzen. Der junge hübsche Krämer aber hatte Kaufmann gelernt in Augsburg und verstand etwas vom Geschäft. Es war Liebe auf den ersten Blick. Und so wurde Hochzeit gefeiert im Schloß. Der König war glücklich, die Prinzessin und ihr Krämer verkauften die goldenen Tellerchen, eines nach dem anderen, und wurden reich und lebten glücklich bis an ihr Lebensende. Der arme Heinrich aber sagte: „Mir gefällt der Umgangston hier nicht. Ich kündige." Und als er das gesagt hatte, tat es wieder einen Schlag, Funken stoben, und Rauch quoll aus dem Boden. Und er ward verwandelt in einen wunderschönen Prinzen. Die Prinzessin schaute nur betreten, als er sich aufs Pferd schwang und auf Nimmerwiedersehen davonritt. Der Prinzessin blieben die goldenen Tellerchen und der Krämer, der Prinz aber ritt zum nächsten Schloß, heiratete eine andere Prinzessin und wurde König. Und wenn sie nicht gestorben sind, leben sie heute noch.

Wie man Geschichten erfindet

Wer Geschichten erzählen kann, ist fein raus. Alle hören ihm zu und staunen. Ich habe einen Geschichtenerzähler gekannt, der konnte sogar Filme so gut erzählen, daß die Kinder gar nicht mehr ins Kino gehen wollten. Und manchmal sperrten die Polizisten sogar die Straße, weil so viele kamen und ihm zuhören wollten. Aber vielleicht übertreibe ich auch ein bißchen. Vielleicht haben sie nur freundlich gegrüßt und selbst ein wenig zugehört.

Überhaupt, wenn du Drachen steigen lassen kannst, schauen dir schon viele zu. Und wenn du schön singst, bleiben die Menschen stehen und hören dein Lied. Aber wenn du Geschichten erzählen kannst, dann halten alle den Atem an, legen ihre Arbeit weg und machen Ohren so groß wie ein Schaufenster. Du erzählst ihnen von Afrika, und sie beginnen zu schwitzen. Du erzählst vom Nordpol, und sie frieren.

Und deshalb will ich dir heute verraten, wie man Geschichten erfindet. Du denkst vielleicht, das Wichtigste sei, eine Handlung zu erfinden. Daß etwas geschieht, ein Unfall oder ein Fußballspiel oder ein Abenteuer. Aber weißt du, das kommt eigentlich von alleine. Am Anfang mußt du nur irgend jemand erfinden, der mitspielt in der Geschichte, der wird dann ganz von alleine etwas tun, zum Beispiel eine

Blumenvase umstoßen oder mit selbstgebastelten Flügeln über den Wald fliegen oder den Präsidenten nachts aus dem Schlaf klingeln und ihn dumme Sachen fragen.

Und wenn du jemanden erfunden hast für deine Geschichte, dann braucht er natürlich einen Namen. Das ist überhaupt das Wichtigste, der Namen. Viel wichtiger als der Ort, an dem die Geschichte spielt. Es ist doch wirklich ganz egal, ober der Präsident in der Lupinenstraße wohnt oder am Bahnhof, Hauptsache er wacht nachts auf, wenn geklingelt wird. Oder ob Peter mit seinen neuen Flügeln nach Afrika oder Amerika fliegt, ist doch auch nicht so wichtig. Aber ob der Peter nun Peter Müller heißt oder Peter Schlappenpfiff, ist doch wohl ein Unterschied. Ein Name muß klingen, ein Name muß selbst eine ganze Geschichte sein oder zumindest die Zuhörer neugierig machen. Stell dir vor, der Räuber Hotzenplotz hätte einfach Ewald Kleinlaut geheißen, – kein Mensch würde heute noch seine Geschichten erzählen. So aber kennt sie jedes Kind. Oder stell dir vor, Prinz Eisenherz hieße Prinz Hasenfuß oder Benjamin Blümchen hieße Benjamin Schdondoprostjakovichkinow, – niemals wären sie so bekannt geworden. Denn wer kann schon auf Anhieb Schdondoprostjakovichkinow ohne Fehler sagen. Du verstehst, die Namen sind die halbe Miete. Denk daran, wenn du eine Geschichte erfindest.

Ich will dir ein paar Beispiele sagen. Wenn in deiner Geschichte ein Zahnarzt spielt, dann kannst du ihn Schulze nennen. Aber besser wäre noch, er hieße Reißelbeiß, oder Herr von Bohren oder so etwas Ähnliches. Einen Fußballspieler kannst du auch Bonifatius Schienbein nennen, den Bäckermeister vielleicht Melchior Mehlsack und den Schornsteinfeger Balthasar Schwarzkopf. Wenn sie über einen Namen lachen, dann hast du schon halb gewonnen. Dann hören sie dir zu und warten, wie es weitergeht. Deshalb noch ein paar Tips: Einen Gauner und Verbrecher mußt du unbedingt Jimmy oder Jonny nennen, das klingt amerikanisch und spannend. Ein Präsident dagegen muß vornehm heißen, zum Beispiel Akazius Flötentreu oder August Graf von Winterfels. Eine Opernsängerin heißt Gloria Notschrei oder Anabelle Tanta. Einfach Tanta, oder Tantarella, da hört jeder, das ist ein Künstlername. Den Metzger aus der Friedensstraße würde ich Karl Schmalztopf nennen und die Tante im Kindergarten vielleicht Claudia Striezelflitz und den Lehrer Hansheinrich Morgenblau. Haha! Hansheinrich Morgenblau. Und das montags in der ersten Stunde in Rechnen! Hansheinrich Morgenblau . . .

So viel zu den Namen. Sie sind wichtig in deiner Geschichte, also gib dir Mühe beim Erfinden. Wie gesagt, das andere kommt von selbst. Zum Beispiel könnte dem Zahnarzt Reißelbeiß der Bohrer stekkenbleiben, gerade als er den Backenzahn von Gloria Notschrei, der Opernsängerin, behandelt. Und sie soll abends singen und nun steckt der Bohrer im

Zahn. Und schon hast du eine Geschichte. Oder eine Wespe hat August Graf von Winterfels, den Präsidenten, mitten auf die Nase gestochen, gerade als er im Fernsehen eine Rede halten will. Aber das geht ja nicht, ein Präsident, der weint wie ein Kind und eine dicke Nase hat. Deshalb ist Jonny Goldstein, der Schauspieler, in die Präsidentenjacke geschlüpft und hat sich einen Schnurrbart wie der Präsident angeklebt und hat eine Rede gehalten. Und – stell dir vor – keiner hat den Schwindel gemerkt. Und schon hast du wieder eine Geschichte.

Nun aber noch etwas anderes. Es ist auch wichtig, daß du jemanden hast, dem du deine Geschichte erzählen kannst. Es geht ja nicht, daß du einfach im Schwimmbad an der Rutschbahn stehst und beginnst: „Es war einmal ein Badeentchen, das hieß Florian und wohnte in einem Hochhaus im neunten Stock." Da hört dir keiner zu, denn alle wollen auf die Rutschbahn und hinuntersausen und spritzen und toben und tauchen. Aber wenn Mama zum Gutenachtsagen noch einmal zu dir ins Zimmer kommt, dann kannst du es mal versuchen. Oder wenn die Oma da ist auf Besuch. Das ist überhaupt das Beste. Die nimmt sich bestimmt Zeit. Und wenn dir einer einmal zugehört hat, dann bekommst du Mut, auch anderen deine Geschichte zu erzählen. Glaub mir, bei mir war das auch nicht anders.

Nun aber zum Allerschwierigsten. Das Allerschwierigste an einer Geschichte ist – nun was wohl – das Ende. Die meisten Geschichten wollen einfach nicht aufhören. Wenn dir jemand zuhören soll, dann mußt du unbedingt ein Ende finden, sonst ist er vielleicht gar eingeschlafen, bevor es richtig spannend wird. Und deshalb mach ich jetzt Schluß und geh noch ein bißchen Namen erfinden, denn das macht am meisten Spaß.

Kuandolora

Vor vielen tausend Jahren lebte am sechsten der sieben Meere, dort wo die Sonne am Morgen noch singt, wenn sie aufgeht – so schön singt sie, daß die Vögel vor Freude weinen und ihre Tränen als Perlen ins Meer fallen – , dort also lebte vor vielen tausend Jahren Jakunda, der Adler. Seine Flügel waren so groß, daß Kinder gut und gerne Murmeln spielen konnten auf ihnen. Sie glänzten in allen Farben des Regenbogens. Und wenn er sie schwang, dann klang es unten auf der Erde so, als ob hinter den Wolken die besten Künstler Geige spielten und Flöte und Orgel. Aber ganz leise. Überhaupt, Jakunda war sehr sanft. So sanft, wie er mit seinen Flügeln den Wind streichelte und ihm dabei ein Konzert von Tönen und Klängen entlockte, so sanft war sein ganzes Wesen. Er war der Freund der Tiere, der Wellen und des Windes. Die Früchte der Bäume leuchteten vor Freude, wenn sie ihn nur von weitem hörten, und die Gräser begannen zu glänzen, als ob ein Zauberer Millionen von Diamanten auf der Wiese verstreut hätte. Einmal im Jahr flog Jakunda über das ganze sechste Meer zu dem Land, das das sechste vom siebenten Meer trennt. Kein Mensch war je dort. Es gibt Leute, die sagen, dort sei das Paradies. Aber sie können sich auch irren. Vierzig Tage brauchte Jakunda, um dorthin zu fliegen. Vierzig Tage ohne Nahrung und ohne Schlaf. Aber wer dorthin fliegt, spürt das gar nicht. Die Zeit verging Jakunda wie im Flug. Erst flog er immer allein. Hatte er das Land erreicht, dann setzte er sich auf einen Hügel, breitete seine Flügel aus, schloß die Augen und hörte der Sonne zu, wie sie sang. Aber sein Glück war so groß, daß ihm schier das Herz zersprang, weil er es mit niemandem teilen konnte.

Eines Tages nahm er Kwindon, den Goldschmied mit. Er war sein bester Freund. Er war es, der aus den Tränen der Vögel so herrliche Perlenketten fertigte. Trug jemand eine solche Kette, dann leuchtete sein Gesicht wie ein Herbstlaub in der Abendsonne, und alle, die ihn trafen, wurden froh. Kwindon setzte sich auf einen der großen Flügel, und Jakunda trug ihn zu dem Land, das das sechste vom letzten Meer trennt. Kwindon war sprachlos über den Gesang der Sonne, über die Farben des Regens, über den Duft der Gräser, über das Lied der Bäume und die Freundlichkeit der Erde. „Hier möchte ich bleiben", sagte er nach langem Schweigen. „Das kann ich gut verstehen", meinte Jakunda nachdenklich. „Aber du wärest allein. Und allein kann kein guter Mensch dieses Glück ertragen. Du wirst es teilen wollen wie ich." Da gaben sie dem Land einen Namen. Kuandolora. Kuandolora, das klingt nach dem Gesang der Sonne, dem Spiel der Sterne, dem Lied der Bäume und der Farbe des Regens. Kuan – do – lora. Zu Hause erzählte Kwindon von seiner Reise nach Kuandolora. Viele schüttelten den Kopf, manche

freuten sich mit ihm, aber Sarinda konnte nicht genug hören. Sarinda war seine beste Freundin und konnte malen, obwohl sie es nie gelernt hatte. Man sagt, sie hätte die Farben nach ihrem Klang gemischt. Und es gäbe kein Grün, das genauso klingt wie ein anderes Grün. Und das Grün der Gräser am Morgen klänge wieder anders als das Grün der Gräser am Abend. Das also war Sarinda, die beste Malerin ihrer Zeit. Sie schaute nicht einfach etwas an, um es dann zu malen. Nein, sie schloß die Augen und hörte. Sie hörte die unterschiedlichsten Töne und Farben. Und sie verstand. Und dann malte sie mit geschlossenen Augen. Und was sie dann malte, war so schön, daß kein Mensch es je in einen Rahmen fassen konnte. „Komm im nächsten Jahr mit uns nach Kuandolora, und du wirst hören, was wir gesehen haben", meinte Kwindon.

Sarinda konnte den Tag kaum erwarten, an dem sie nach Kuandolora aufbrachen. Kwindon setzte sich auf Jakundas rechten Flügel, Sarinda auf den linken. Dann waren sie vierzig Tage und einen Tag unterwegs. Aber die Zeit verging wie im Flug. Jakunda landete sanft. Die beiden merkten kaum, daß die Reise schon zu Ende war. Das also war Kuandolora. Die Sonne ging auf und sang ihr schönstes Lied. Die Freudentränen der Vögel fielen zu Tausenden wie ein Perlenregen ins Meer. Die Früchte der Bäume strahlten wie am Paradiesmorgen. Die Erde war freundlich, und die Tiere sammelten die Farben des Regens und bemalten sich bunt wie Zirkuszelte.

Sarinda und Kwindon setzten sich auf einen Hügel, schlossen die Augen und hörten der Sonne zu, wie sie sang. „Ich höre alle viertausend Farben", sagte Sarinda nach langem Schweigen. „Alle viertausend Farben. Es ist der Himmel." Jakunda hatte seine Flügel ausgebreitet, die Augen geschlossen und schwieg. Erst am Abend, als die Sonne unterging über dem sechsten Meer, begann er zu sprechen. „Wer das Lied der Sonne gehört hat, möchte es singen. Wer die Farben des Regens gesehen hat, möchte sie malen und wer glücklich ist, möchte sein Glück teilen."

Jakunda, Kwindon und Sarinda erzählten zuhause von Kuandolora. Tiere und Bäume und Menschen hörten ihre Geschichte. In alten Büchern ist sie aufgeschrieben. Vor vielen tausend Jahren. Und wenn du selbst die Sonne singen hörst, oder die Farben des Regens siehst, dann warst du für einige Augenblicke in Kuandolora. Sei dankbar und teile dein Glück. Und nimm einen lieben Menschen an die Hand und gehe mit ihm am Abend hinaus auf das freie Feld und warte, bis die Sonne untergeht. Und dann siehst du die Farben, die vor vielen tausend Jahren Sarinda gemalt hat. Und du verstehst, warum niemand dieses Bild in einen Rahmen fassen konnte. Und wenn du dann die Augen schließt und schweigst, dann hörst du die Vögel und riechst die Erde und spürst das Glück. Und morgen kannst dann auch du erzählen – von Kuandolora.

Der Tag, an dem die Fernseher Füße bekamen und das Laufen lernten

Es fing schon morgens damit an, daß die Sonne nicht aufstehen wollte. „Nein“, sagte sie, „jeden Morgen dasselbe. Ich habe auch das Recht auf einen freien Tag in der Woche.“ Sprach's, drehte sich in ihrem Bett hinter dem Berg auf die andere Seite und schlief weiter. Da sagte der Hahn: „Wenn die Sonne keine Lust hat zu scheinen, dann habe ich auch keine Lust zu krähen.“ Und weil der Hahn nicht krähte, wachte der Bäcker nicht auf. Und weil der Bäcker keine Brötchen backte, hatte der Busfahrer eine furchtbare Laune und verstauchte sich den Fuß beim Bremsen. Deshalb mußte die Lehrerin zur Schule laufen und schwitzte fürchterlich. Aber in der Schule waren gar keine Kinder, denn die Mütter hatten verschlafen, die Väter hatten sich beim Rasieren geschnitten oder beim Eierkochen die Finger verbrannt. Der Direktor war bei der Suche nach dem Lichtschalter auf dem Teppich im Schlafzimmer ausgerutscht und auf den Po gefallen. Und so ging es den ganzen Tag weiter. Der Polizist hatte die Trillerpfeife vergessen und versuchte nun auf einer Wäscheklammer zu pfeifen. Jede halbe Stunde läuteten die Glocken wie zum Gottesdienst, weil der Küster die Schalter verwechselt hatte. Dabei gab es einen Kurzschluß in der Kirche. Dem Elektriker aber, der nur altes, hartes Brot zum Frühstück bekommen hatte, brach ein Zahn ab und nun saß er den ganzen Tag beim Zahnarzt. Der wieder konnte nicht bohren, weil der Strom ausgefallen war, nachdem der Busfahrer mit dem verstauchten Fuß einen Verteilerkasten des Elektrizitätswerks umgefahren hatte. Das war auch der Tag, an dem alle Fernseher Füße bekamen und das Laufen lernten und aus der Stadt verschwanden auf Nimmerwiedersehen. Und abends, als der Mond aufging und die ganze Bescherung sah, lachte er still vor sich hin, um die Sonne ja nicht zu wecken. Er legte sich gemütlich auf eine Wolke und genoß es, daß alle Leute sagten: Gott sei Dank, wenigstens auf den Mond ist Verlaß. Irgendwie muß das die Sonne gehört haben, denn am nächsten Morgen stand sie pünktlich auf, wie es sich gehört. Nur die Fernseher, die alle Füße bekommen und das Laufen gelernt hatten, die blieben für immer verschwunden.

Das längste Wort

Kennst du das längst Wort der Welt? Nein? Ich kenne es auch noch nicht. Dann müssen wir es miteinander erfinden. Vielleicht meinst du, *Schokoladenpuddingsoße* sei ein langes Wort. Das stimmt. Aber es gibt noch viel, viel längere Wörter. Zum Beispiel *Riesenradantriebsmotoringenieur,* oder *Kokosnußsammelsackkarren.*

Ich habe mich übrigens kundig gemacht. Den längsten Namen hatte ein Indianerhäuptling. Er hieß:

Lepodotemachoselachogaleookranioleipsanotriumupotrimmatosiphioparaomelitokatakeclummenokichleipkossuphophattoperisteralektruonop.

Uff! Bis ein Bleichgesicht diesen Namen erst gelernt und ausgesprochen hatte, war der Häuptling schon längst über alle Berge davon, saß mit Frau und Kindern am Lagerfeuer und rauchte Pfeife.

Das längste Wort, das je in einem richtig wichtigen Buch stand, hat ein Grieche mit Namen Aristophanes vor über zweitausend Jahren geschrieben. Und fast so lang ist auch das Wort. Es hat einhundertneunundsiebzig Buchstaben, beschreibt die zwanzig Bestandteile einer leckeren Pastete und heißt auf griechisch:

Lopadotemachoselachogaleokranioleipsanodrimhypotrimmatosilphioaraomelitokatakochymenokichlepikossyphophattpoperisteralektryonoptekephalliokigklopeleiolageiosiraiobaphetraganopterygon.

Johann Heinrich Voss hat versucht, es auf deutsch zu übersetzen. Dann heißt es etwa:

Austerigpökeligbuttenlampretigesschädelzersttickelungsherbegebrühetessilfionwürzigeshonigbeträufeltesamseligschnepfigestaubenfasanigeshähneleinhirnigesdrosselgebratenesemmerlinghasigesmostigesgraupigesflügelgericht.

Der längste Ortsname, der heute noch benutzt wird, ist:

Taumatawhakatangihangakoauuotamtea(turipukakapikimaungahoronuku)pokaiwhenuakitanatahu.

So heißt ein nur 305 Meter hoher Berg in Neuseeland. Übersetzt heißt der Name: „Der Ort, an dem Tamatea, der Mann mit den großen Knien, der die Berge bestieg und an ihnen hinabglitt, der die Berge verschlang und als Landfresser bekannt war, die Flöte spielte für seine Geliebte".

Wenn wir schon bei langen Wörtern sind, – den kürzesten Ortsnamen besitzt das französische Dorf *Y.* 143 Einwohner wohnen dort. Außerdem gibt es den Ort *U* auf den Karolineninseln im Pazifik und eine

japanische Stadt mit Namen *O*. Früher gab es im amerikanischen West-Virginia einen Ort mit dem Namen *6*. Der kürzeste deutsche Ortsname ist *Au*. Zwölfmal gibt es einen Ort mit diesem Namen in unserem Land. In Österreich gibt es vier Orte *Au* und drei in der Schweiz.

Aber eigentlich wollten wir gemeinsam ein ganz langes Wort erfinden. Also, legen wir los. Wie wär's zum Beispiel mit einem *Waldarbeiter*? Der muß den ganzen Tag schwer arbeiten, also braucht er ein kräftiges *Waldarbeiterfrühstück*. Und zu einem kräftigen *Waldarbeiterfrühstück* gehört – das weiß jeder – ein Ei. Also haben wir schon ein langes Wort, nämlich: *Waldarbeiterfrühstücksei*. Aber das ist noch nicht alles. Wenn Frau Wurzbach, die Frau von Ferdinand Wurzbach, dem Waldarbeiter im Hochtannenwald morgens um halb sieben sein Ei kocht, und er will es um neun Uhr draußen im Försterhaus essen, dann ist es kalt. Also braucht Frau Wurzbach für das Ei einen *Waldarbeiterfrühstückseiwärmebehälter*. Gefällt dir das Wort? Aber es kommt noch toller. Ich habe Jia, eine chinesische Freundin von mir gefragt, ob es in China so etwas auch gibt. Sie hat gelacht und hat erst gar nicht verstanden, was ein *Waldarbeiterfrühstückseiwärmebehälter* sein soll. Vielleicht gibt es in China keine Frühstückseier, oder die essen sie nur kalt. Aber schließlich hat sie mir gesagt, was dieses Wort auf Chinesisch heißen würde. Das ist ganz einfach: *Sen lin gong schen tsau tsan dschi dan bau wen che.* Und wenn du dieses Wort einem Chinesen sagst, wird er genauso lachen wie Jia, und vielleicht meint er, du wärest ein Indianer.

Machen wir noch einen Versuch. Ganz ohne Chinesisch. Was liegt in deinem Bett? Ich wette, da liegt mindestens ein Kuscheltier. Richtig geraten? Ein Bär vielleicht, eine Katze, vielleicht ein Fuchs oder ein Häschen. Sogar ganz kleine Kinder bekommen schon Kuscheltiere geschenkt, mit Knopfaugen und einem weichen Fell. Das wäre doch ein guter Anfang für ein richtiges Tausendfüßlerwort, das gar nicht aufhören will: *Kleinkindkuscheltier.* Und so ein Kuscheltier hat – wie schon gesagt – Knopfaugen, deine Tiere haben das sicherlich auch. Also, dann hätten wir schon ein langes Wort: *Kleinkindkuscheltierknopfaugen.* Aber diese Knopfaugen muß man ja erst herstellen. Nehmen wir an, man muß sie ganz rund schleifen, damit du dich beim Kuscheln nicht kratzt. Dazu braucht man eine Schleifmaschine. Die wiederum darf nicht zu heiß sein, sonst verbrennen die Knopfaugen. Deshalb braucht es einen, der die

Temperatur der Maschine überwacht. Und weil man dafür ein Thermometer braucht, wie wenn Mama bei dir Fieber mißt, muß man solche Maschinen erst entwickeln und lernen, wie man sie benutzt. Jetzt paß auf, was wir schon für ein langes Wort erfunden haben: *Kleinkindkuscheltierknopfaugenbandschleifmaschinentemperaturüberwachungsanlagenentwicklerausbildung.* Aber so ein Mensch, der das Schleifen der Knopfaugen für die Kuscheltiere überwacht, muß das ja auch gelernt haben, und wenn er fertig ist, bekommt er zum Abschluß ein Zeugnis; am besten ein Diplomzeugnis. Jetzt reicht es aber, denn unser Wort ist fast schon so lang, daß das Ende noch zum Fenster im Haus hereinschaut, während sein Kopf schon unten zur Türe wieder hereinkommt. Es heißt:

Kleinkindkuscheltierknopfaugenbandschleifmaschinentemperaturüberwachungsanlagenentwicklerausbildungsabschlußdiplomzeugnis.

Und nun kannst du selbst weitermachen. Erfinde ein langes Wort, so lang wie ein Regenwurm oder so lang wie ein Hefezopf oder so lang wie ein Springseil oder so lang wie ein Fußballplatz. Und wenn du damit fertig bist, dann hörst du einfach auf.

Die verrückteste Gutenachtgeschichte der Welt

Du, es gibt ganz verrückte Dinge! Stell dir vor, es gibt Hüte, die trägt man am Finger, es gibt Gärten, da pflanzt man Kinder, es gibt Schweine, die sparen, Kronen, mit denen man kaut, und Mütter, die man auf Schrauben dreht.

Es gibt ganz verrückte Dinge: Es ist doch verrückt, daß man den Wind nicht fotografieren und den Nebel nicht festhalten kann und daß das Licht von den Sternen viele Jahre unterwegs ist, bevor es bei Nacht durch unser Fenster ins Bett blinzelt.

Dann gibt es Vögel, die müssen am Tag dreimal soviel essen, wie sie wiegen, und sind doch ganz leicht. Oder noch viel toller: Es gibt Vögel, da wiegen zwei davon soviel wie ein Stück Würfelzucker. Dann gibt es riesige Seen unter der Erde, so groß, daß ein Dampfer darauf fahren könnte. Dann gibt es Fische, die sind gar keine Fische, und Schlangen, die sind keine Schlangen. Es gibt Käfer, die leuchten in der Nacht und Quellen in der Erde mit ganz heißem Wasser.

Es gibt schon ganz verrückte Sachen. Die verrückteste Geschichte, die ich kenne, will ich dir erzählen:
Es war einmal ein Mohrenkopf, der lebte in einem Leuchtturm. Das ist ja nichts Besonderes. Das

kommt ja oft vor, daß Mohrenköpfe in einem Leuchtturm wohnen. Aber der Leuchtturm, der stand auf einer Wolke, und der Mohrenkopf war der Leuchtturmwärter. Er mußte aufpassen, daß seine Wolke nicht an eine andere stieß, denn sonst gab es auf der Erde ein Gewitter.

Eines Tages sah der Mohrenkopf durch sein großes Leuchtturmwärterfernglas eine Wolke auf sich zukommen mit einem Leuchtturm, der war genauso groß und schön wie seiner. Und oben in der Leuchtturmwärterstube saß ein Vanillepudding. Da sagte der Mohrenkopf: „Wo gibts, denn so was! Ein Vanillepudding als Leuchtturmwärter! Ein Erdbeereis laß ich mir noch gefallen oder einen Osterhasen aus Marzipan, aber ein Vanillepudding als Leuchtturmwärter, das kann nicht gutgehen."

Und natürlich ging das auch nicht gut. Denn dem Vanillepudding war vom langen Wackeln und Schwabbeln und Fliegen furchtbar schlecht geworden, und er saß die ganze Zeit auf dem Klo. So paßte er nicht auf, wo seine Wolke hinflog, und – schon war's passiert. Holterdipolterkrachbumsundplotzenpflatsch raste die Vanillewolke in die Mohrenkopfwolke, und auf der Erde gab es ein furchtbares Gewitter.

Der Mohrenkopf war aus dem Leuchtturm gefallen, mitten hinein in den wackligen, schwabbligen Vanillepudding. „Kannst du denn deine Augen nicht aufmachen, du Spinner? Wozu setzt man dich in den

Leuchtturm, wenn du die ganze Zeit schläfst? Du bist eine Gefahr für den ganzen Wolkenverkehr!"

„Ach, Mohrenkopf, mir ist so schlecht. Ich habe nicht geschlafen. Ich sitze nur die ganze Zeit auf dem Klo, weil mir so schlecht ist. Und wenn du nicht runtergehst von mir, dann wird mir noch viel schlechter", sagte der Vanillepudding und stöhnte zum Herzerweichen.

„Gut, dann binden wir einfach unsre Wolken zusammen, und ich paß für uns beide auf", sagte der Mohrenkopf, band die beiden Wolken mit einem dicken Seil zusammen, legte den Vanillepudding zum Erholen ins Bett, machte ihm einen Pfefferminztee und warme Umschläge und stieg dann wieder auf seinen Leuchtturm. Oben kratzte er sich noch dreimal an seiner Waffel, dann rief er: „Wolken ahoi!" Da kam ein kleiner Windstoß und trieb die beiden Wolken weiter Richtung Afrika.

Und unten auf der Erde wunderten sich die Menschen, warum gleich nach so einem schlimmen Gewitter die Sonne lachte.

Wärst du ein Zauberer ...

Du, es wäre wunderbar, wenn du zaubern könntest. Kaninchen aus dem Hut, Löcher in Onkel Herberts Hosen, einen Blumenstrauß aus dem Regenschirm und zwanzig weiße Tauben aus deinem Schulranzen. Das ist toll, wenn man zaubern kann. Man kann sich alle Wünsche erfüllen.

Wenn du zaubern könntest, vielleicht würdest du dann die Zeit verzaubern, so daß es immer Tag bleibt und du nie ins Bett mußt. Oder du würdest die Schule in einen Zirkus mit Clowns, Löwen und Artisten verwandeln. Oder du würdest allen Rosenkohl auf der Welt verzaubern in Pommes frites, und mit einem „Hokus Pokus fidibus dreimal schwarzer Kater – schwing ...“ gäbe es im Winter endlich wieder einmal Schnee zum Rodeln, Skilaufen und Schneemannbauen.

Ich wünschte mir eine Welt, in der im Frühling die Blumen blühen, im Sommer die Sonne scheint, im Herbst der Wind die Wolken von Meer zu Meer treibt und den Himmel über uns putzt; und im Winter wünschte ich mir Schnee und Kälte, zugefrorene Seen, kalte Nasen und warme Wohnungen. Das alles würde ich zaubern, wenn ich könnte.

Ich würde eine Welt zaubern, du, die wäre so bunt wie ein Luftballonstand, so frei wie ein Abenteuerspielplatz und so gemütlich wie die Kuschelekke im Kindergarten. Ich würde Autos zaubern, die nicht rasen, und Fahrräder mit Flügeln. Wäre das toll, wenn wir mit dem Fahrrad zur Schule fliegen könnten wie die Spatzen. Aber Landen müßte mit eingebaut sein. Am besten einfach durchs offene Fenster. Und der Lehrer muß in Deckung gehen hinter seinem Pult, wenn ich lande.

Schon als Kind hab ich mir ein kleines Äffchen gewünscht, das in die Tasche paßt und überall mit hin kann. Und gescheit müßte es sein, damit es mir in der Schule hilft. Und kein Lehrer der Welt käme auf mein Geheimnis. Alle meine Freunde würden lachen über seine Späße. Und nachts unter der Bettdecke, beim Schein der Taschenlampe, würde es mir Geschichten vom Urwald erzählen, bis ich einschlafe.

Und du? Vielleicht würdest du einen großen Teich zaubern für Fische, Enten, Frösche und viele, viele Vögel, die sich darin baden. Im Winter könntest du darauf Schlittschuhlaufen, im Frühling würdest du kleine Schiffchen aus Holz und Sackleinwand bauen und im Sommer mit dem Boot paddeln, im Herbst nach Perlen tauchen.

Aber das wäre alles nichts ohne Freunde. Freunde wünsche ich mir, mit denen man Pferde stehlen und über Schmetterlinge staunen kann. Freunde, die Fußballspielen können und Lieder singen. Freunde, die Witze erzählen und mich nicht auslachen. Freunde, die auch noch in der Schule Freunde sind, nicht nur bei mir zuhause. Freunde, drei Jahre alt und achtzig Jahre alt, denn unter Freunden zählt das Alter nicht.

Ich wünsche mir, daß jeder Mensch auf den anderen aufpaßt, daß jeder, der weinen muß, einen findet, der ihn in den Arm nimmt. Daß jeder, der allein ist, einen findet, der mit ihm spielt und singt. Daß jeder, der krank ist, dazugehört wie ein Gesunder. Daß jeder Mensch spürt: Es ist wunderbar, auf dieser Welt zu sein und zu leben.

Ich bin kein Zauberer, und du bist kein Zauberer. Und mit „Hokus pokus fidibus dreimal schwarzer Kater – schwing!“ kannst du's ja mal probieren. Ich fürchte, es klappt nicht. Vielleicht muß ich wirklich auf mein Fahrrad mit Flügeln verzichten und auf das kleine Äffchen in der Tasche. Aber Gutes bleibt noch genug, auch ohne Zauberei. Und wenn's dich morgen früh an der Nase kitzelt, dann kann das die Sonne sein oder deine Mutter oder vielleicht doch das kleine Äffchen, wer weiß?

Hanna und der Schmetterling

Hanna ist ein kleiner Wirbelwind. Tagsüber fegt sie durch Haus, Garten und Straße, und abends will sie nicht schlafen. Heute bringt ausnahmsweise Papa Hanna ins Bett. „So, mein kleiner Käfer, jetzt wird geschlafen.“ „Eine Geschichte, Papa, erzähl’ mir noch eine Geschichte.“

Und Papa erzählt die Geschichte, wie die Leute von Schienbeinbrücken den Mond gekauft und dafür fünftausend Mark bezahlt hatten. Hanna bekommt Augen, so groß wie zwei Pfannkuchen. „Noch eine Geschichte, Papa.“ Und Papa erzählt noch eine Geschichte, die kennst du bestimmt auch. Es ist die Geschichte von den drei Prinzen, die alle nicht König werden wollten, und wie deshalb der Schuhmacher Nasenklemm König wurde und so weiter und so fort.

Aber Hanna will und will nicht einschlafen. „Hanna, mach’ jetzt die Augen zu und schlaf’.“ „Meine Augen gehen immer wieder auf, Papa, da kann ich gar nichts dafür. Das machen die Augen von allein.“ Da überlegt der Papa ganz lange, und dann erzählt er Hanna die beste Einschlafgeschichte der Welt:

Es war einmal ein kleiner Junge. Der wohnte in einem großen Haus in der Stadt. Bäume und Wiesen

gab es dort kaum. Und deshalb flogen auch nur selten Vögel am Himmel oder Schmetterlinge vor dem Fenster. Der kleine Junge aber liebte Schmetterlinge über alles. Jeden Abend, wenn er ins Bett ging, lag er noch lange wach und schaute zum Fenster hinaus. Der kleine Junge wollte und wollte nicht einschlafen. Eines Abends kam ein Schmetterling geflogen, setzte sich aufs Fensterbrett und wärmte seine Flügel in der Abendsonne. „O Schmetterling, komm herein zu mir, du bist der schönste und liebste Schmetterling auf der ganzen Welt." Der Schmetterling blinkelte und blinzelte, er flügelte und flatterte, und dann schwebte er federleicht ins Zimmer und setzte sich genau auf das linke Auge des kleinen Jungen. Der hatte schnell die Augen geschlossen und wagte nun kaum noch zu atmen. Es war alles so wunderschön. Ein Schmetterling in seinem Zimmer, ganz nah bei ihm. Anfangs kitzelte es ein wenig, aber daran gewöhnte er sich. Ganz leise war er, um ihn ja nicht zu erschrecken. Und die Augen, die er nicht öffnen konnte, wurden immer schwerer. Der Schmetterling ruhte sich aus und putzte sich, da war der kleine Junge schon lange eingeschlafen.

Eingeschlafen ist auch Hanna. Und sie träumt von einem großen bunten Schmetterling, auf dessen Rükken sie davonfliegt, hoch über den Wolken, Richtung Regenbogen. Bis ganz ans Ende des Regenbogens will sie fliegen mit ihrem Schmetterling. Dort, wo für alle, die das Suchen und Warten noch nicht verlernt haben, ein großer Schatz versteckt ist. Und Mama und Papa wird sie einen ganzen Korb voller Schätze mitbringen von dem Regenbogenschatz. Die werden Augen machen, so groß wie die Sonne, wenn sie sich abends hinter dem Berg schlafen legt. Träumt Hanna.

Der Junge, der Bär und der Traum

Es war einmal ein kleiner Junge, der träumte jede Nacht einen Traum. Und morgens erzählte er ihn seinem Bär.

Aber ein Bär weiß nicht, was Träume sind. Das weiß nicht einmal ein Mensch richtig. Wie soll da ein Bär wissen, was ein Traum ist?

Ein Bär weiß, was Honig ist, wo man die Weihnachtsplätzchen findet und wie man brummt. Ein Bär weiß, wie man sich am Rücken kratzt und wie man Fische fängt. Ein Bär kennt den Tag und die Nacht. Tagsüber spielt er und ißt und ißt und spielt und spielt und ißt. Und nachts schläft ein Bär. Wie soll ein Bär wissen, wie man träumt?

Eines Morgens sagte der kleine Junge: „Du, Bär, es ist schade, daß du nicht weißt, was ein Traum ist. Ein Traum ist wunderbar. Ein Traum ist das Größte und Beste. Weißt du was, ich binde dich heute abend ganz fest an meine Hand. Und dann bist du dabei, wenn ich träume."

Am Abend band er mit einem Stück dicker Kringel-Krangel-Wolle den Bär an seine Hand – und beide schliefen ein.

Der kleine Junge träumte vom Schnee und wie er als Skifahrer einen Hang hinunterraste, durch Slalomtore hindurch; wie er mit dem Schlitten mehr purzelte als fuhr; wie er einen Schneemann baute im Garten und auf dem zugefrorenen Teich mit ihm Fangen spielte.

Als der kleine Junge aufwachte, gähnte er erst, streckte sich – aber da hing ja noch der Bär an seiner Hand. „Jetzt, ... weißt du jetzt, was träumen ist?“

„O meine Güte, ja! Jetzt weiß ich, was träumen ist. Träumen ist furchtbar. Wenn man träumt, wird man hin- und hergeschüttelt, gerüttelt, gekniffen und geschlagen, gepackt und gezogen, bis es einem schlecht ist. Und zum Schluß fällt man aus dem Bett. Träumen ist furchtbar.“

Da war der kleine Junge ganz überrascht, was der Bär erzählte. „Vielleicht sollte ich dich an die andere Hand binden heute abend“, sagte er. „O nein, bitte nicht!“ wehrte der Bär ab. „Aber so wirst du nie erfahren, wie schön das Träumen ist“, sagte der kleine Junge. „Das ist nicht schlimm“, meinte der Bär, „man muß im Leben nicht alles wissen. Erzähl du mir weiter deine Träume, das soll mir reichen. Weißt du, so ein Bär ist eben ein Bär, und ein Mensch ist ein Mensch. Und Bären essen, spielen und schlafen. Und die Menschen essen, spielen und träumen.“

Am Abend dann, als der kleine Junge eingeschlafen war, legte sich der Bär vorsichtshalber ganz auf die andere Seite im Kinderbett. Denn vom Träumen hatte er seine große feuchte Bärennase gestrichen voll.

Die Leute von Pergolesien

Ich weiß es nicht genau, aber ich habe mir erzählen lassen, daß früher in Pergolesien die Menschen alle auf den Händen gingen, die Fische Flügel hatten und die Feuerwehr mit Schlagsahne löschte. Das mit der Schlagsahne glaube ich ja nicht. Aber sonst kann ja alles wahr sein. Onkel Herbert, der lange auf dem Schiff gefahren ist und die Welt kennt wie kein zweiter, der hat auch von Pergolesien erzählt. „Du siehst es nur bei Nordostwind", hat er gesagt, „und wenn die Sonne tief steht und mit goldenen Strahlen auf die Schaumkronen der Wellen Klabautermänner malt. Und dann mitten hindurch durch zwei große Felsen, dann kommst du nach Pergolesien." So hat Onkel Herbert erzählt, und der kennt die Welt wie kein zweiter. „Als sonst auf der Welt die Menschen noch auf den Bäumen wohnten, mit Kokosnüssen warfen und Bananen aßen, da muß in Pergolesien etwas durcheinandergekommen sein", sagt Onkel Herbert. „Menschen, Tiere und Pflanzen haben damals beschlossen, es gäbe keinen Unterschied mehr zwischen ihnen, alle seien gleichberechtigt, und es solle sich ja keiner besser vorkommen als der andere. Irgendwie haben sie es dann aber doch übertrieben. Denn" – so sagt Onkel Herbert – „da gab es dann Menschen, denen Blumen statt Haare auf dem Kopf wuchsen, oder Blumen, die am hellichten Tag auf der Straße spazierengingen und vor denen sogar die Autos hielten, wenn sie über den Zebrastreifen trippelten".

„Ich würde ja zu gerne nach Pergolesien fahren, aber die Reise ist schwierig und weit und nur etwas für Menschen mit starken Nerven", sagt Onkel Herbert. Und der muß es wissen, der war schon dort und hat mit eigenen Augen gesehen, wie sie eine brennende Scheune mit Schlagsahne gelöscht haben. Und dann hat er mir noch erzählt, daß dort in einem guten Sommer der Salat so süß schmeckte wie das Erdbeereis aus Bäcker Fröschles Eismaschine. Und daß man Rettiche ernten könne, die seien so groß, daß man sie mit dem Lastwagen abtransportieren muß. Das aber sei gar nicht nötig, denn wenn man beim Bauern anrufe, dann schraube er ihnen Beine an und sie liefen direkt zu einem nachhause. Als er das erzählte, habe ich die Freude an Pergolesien verloren. Nicht, weil ich Angst hätte vor großen Rettichen, die in der Gegend herumspazieren. Nein, es ist einfach so, daß ich keine Rettiche mag. Und wenn die dort so groß werden, dann müßte ich vielleicht zwei Wochen lang Rettiche essen. Dann bleib' ich doch lieber zu Hause, wo die Feuerwehr mit Wasser löscht und die Menschen auf den Füßen laufen und Haare auf dem Kopf haben. Meistens jedenfalls.

Zwischen Maulwurfshügeln und Wolkenkratzern

Da war plötzlich ein großes Loch im Boden, und alle staunten. Über Nacht war da ein Loch im Boden, so tief wie ein Schwimmbad und so breit wie ein Haus. Wenn am Morgen die Menschen aus dem Fenster schauten, war das Loch schon wieder gewachsen.

Da stellten die Leute eine Wache auf. Sie sagten zum Polizisten: Paß auf, daß wir die erwischen, die bei Nacht immer an diesem Loch rumbuddeln, das uns angst macht. Denn sie wohnten im Hochhaus, und das Hochhaus stand ganz nahe bei dem Loch.

Am nächsten Morgen machten sie alle gleich die Fenster auf. Neben dem Loch saß der Polizist mit hochrotem Kopf: „Entschuldigt, ich muß eingeschlafen sein. Das geht nicht mit rechten Dingen zu. So leise kann man doch kein Loch graben." – Und das Loch war in der Zwischenzeit so tief wie der Steinbruch am Stadtrand und so breit wie ein Fußballplatz. Da nahmen alle Leute in der Straße einen Tag Urlaub und stellten sich am Abend rings um das Loch. Die Kinder durften lange aufbleiben und hatten am nächsten Tag schulfrei. Das war ein Fest, mit Lampions und Musik und Erzählen bis tief in die Nacht. Als die Sonne aufging und es hell wurde, war über Nacht das Loch wieder gewachsen. Es war nun so tief wie eine Gebirgsschlucht und so breit wie drei Zirkuszelte nebeneinander. Da war guter Rat teuer, und die Leute gingen zum Bürgermeister. „Bürgermeister", sagten sie, „du mußt uns helfen. Da ist ein Loch neben unseren Häusern und das wird immer größer und größer, aber man sieht nicht, wer das macht. Es geschieht immer nachts, und man hört keinen Ton." Als der Bürgermeister nachhause kam, erzählte er beim Abendessen diese eigenartige Geschichte seiner Familie. Da lachte der kleine Sohn vom Bürgermeister. Er lachte so laut, daß ihm der Teller mit dem Salamibrot vom Tisch fiel und sein Vater schimpfte. „Aber Papa, sind die Leute denn dumm? Ein Loch, das immer größer wird, man hört nichts, und es wächst nur nachts – fällt dir da nichts auf? Komm mit, ich will dir das Rätsel lösen." Als sie zum Loch kamen, war schon später Abend. Viele Menschen standen da, Polizisten – ganz streng – und Feuerwehrmänner in blauer Uniform, Jäger mit großen Ferngläsern und Leute von der Zeitung mit Fotoapparat und Tonbandgerät. Da lachte der Sohn des Bürgermeisters wieder: „Ihr werdet nichts sehen und nichts hören, und morgen ist das Loch doppelt so groß. Und in einer Woche ist es so groß wie die Stadt. Aber ich kenne das Geheimnis."

Die einen Leute lachten den Jungen aus und die anderen schimpften. Und ein paar sagten sogar, wenn das so sei, bräuchte man einen neuen Bürgermeister, denn der alte sei anscheinend nicht richtig im Kopf, wenn er schon auf Kindergeschwätz höre. „Hört mir doch einmal zu“, sagte der Junge. „Der Polizist hat gewacht und hat nichts gesehen und gehört. Alle Erwachsenen hier haben gewacht und haben nichts gehört und gesehen. Kein Wunder: Wenn Licht an war, dann kamen sie nicht, und wenn das Licht aus war, dann habt ihr sie nicht gesehen!“ „Ja, wen denn haben wir nicht gesehen, wen denn?“ „Das weiß doch jedes Kind, die Maulwürfe natürlich“, sagte der Junge vom Bürgermeister und stieg ins Loch hinab, denn es wurde schon dunkel. „Warte auf mich“, rief der Bürgermeister, der auch sein Papa war, und kletterte hinterher. „Weißt du denn, wie man mit Maulwürfen spricht?“ „Natürlich weiß ich das, das weiß jedes Kind.“ „Dann frag sie, warum sie das tun.“

Da setzte sich der Junge mitten in das Loch und begann mit den Maulwürfen zu sprechen. Und der Bürgermeister, der auch sein Papa war und danebenstand, staunte nicht schlecht, denn da kam ein Maulwurf, da kamen zwei Maulwürfe, da kamen zehn Maulwürfe, da kamen hundert Maulwürfe und stellten sich in Achterreihen auf. Der Obermaulwurf wischte sich die Krallen ab, setzte eine Brille auf und las von einem Papier vor: „Wir Maulwürfe haben die Nase voll. Keine Wiesen, keine Gärten, keine Würmer. Nur Straßen, Häuser und Asphalt. Wir haben beschlossen, keine Maulwurfshügel mehr zu bauen, sondern Maulwurfslöcher.“ „Und was ist mit der ganzen Erde, die fehlt?“ fragte der Bürgermeister. „Wo habt ihr denn die ganze Erde?“ fragte der Sohn des Bürgermeisters die Maulwürfe. „Die haben wir versteckt. Basta.“ „Was sollen wir machen?“ jammerte der Bürgermeister. „Ich kann doch nicht die Häuser abreißen und den Flugplatz und die Straßenbahn und die Schulen und das Kinderhaus!“ „Aber du könntest dafür sorgen, daß in Zukunft jedes Haus einen Garten bekommt und jedes Hochhaus eine Wiese“, meinte sein Sohn. „Ich mach ja alles mit, wenn sie nur aufhören zu graben und weggehen von hier.“

Aber wie bringt man eintausenddreihundertfünfundvierzig Maulwürfe heil aus der Stadt aufs Land, wo es noch Wiesen gibt und Gärten? Da mußten eben die Leute in der Straße noch einmal einen Tag Urlaub nehmen. Und sie füllten ihre Taschen mit Erde, und jeder nahm 5 Maulwürfe und brachte sie aufs Land. Das war schon lustig in den Autos, Straßenbahnen und Bummelzügen. So viele Maulwürfe waren bei Tag noch nie unterwegs gewesen auf der Welt, seit es sie gibt. Und manchmal waren die Leute auf dem Land gar nicht froh, als ihre Verwandten mit den Taschen voller Maulwürfe kamen und sie ihnen in den Garten setzten. Aber sie sahen ein, daß ein oder zwei Maulwürfe immer noch besser sind als eintausenddreihundertfünfundvierzig. Ja, und als alle Maulwürfe untergebracht waren, machten die Leute aus dem großen Loch einen großen See, weil sie die Erde nicht mehr gefunden hatten. Die hatten die

TV
TV
RADIO
X

Maulwürfe so gut versteckt, daß sie selbst nicht mehr wußten, wo. Und so lag nun neben dem Hochhaus ein riesiger See, auf dem im Sommer kleine Ruderboote fuhren. Im Winter war er zugefroren und alle konnten Schlittschuhlaufen. Der Sohn vom Bürgermeister aber bekam als Dankeschön ein kleines Segelboot. Und sein Vater dachte in Zukunft auch an den Platz für Maulwürfe, wenn in der Stadt gebaut wurde. „Die Erde ist für alle da", sagte er, „auch für die Maulwürfe." Schön, wenn auch Erwachsene dazulernen. Darauf warten viele Geschöpfe Gottes schon lange, nicht nur die Maulwürfe.

Dem Teddy erzählt

Eines Abends meinte der kleine Junge zum Bär: „Du, sag mal, Bär, du bist doch älter als ich und kennst dich aus: Hast du schon mal einen Engel gesehen?" „Einen Engel?" staunte der Bär. „Ja, einen Engel gesehen."

„Hm", sagte der Bär, „ich hab schon vieles gesehen. Ich habe schon Maschinen gesehen, die zum Mond fliegen, und ein kleines Mädchen, das auf einem Bein von der Stadt bis zum Waldrand hüpfte ohne anzuhalten. Ich habe Indianer, Chinesen, Schweden und Spanier gesehen, Drachen, die mit Menschen fliegen, und Drachen, die ohne Menschen fliegen. Ich habe die dreizehn Bärenwunder alle gesehen, aber ein Engel war nicht darunter. Weißt du denn, wie Engel aussehen?"

„Nicht so wie in den Büchern, das weiß ich schon. Nicht mit Flatterflügeln und weißem Schwebekleid. – Vielleicht fliegen sie mit Propeller?"

„Mit Propeller?" lachte der Bär. „Hat man so was schon gehört, ein Engel mit Propeller. Ein Engel ist doch einer, der bleibt."

„Was, das hat mir noch keiner gesagt. Ein Engel ist einer, der bleibt? Wenn Mama hierbleibt, oder wenn zwei trotz Streit Freunde bleiben – ... das kann doch nicht wahr sein, wenn ich bei der Kathrin bleibe, auch wenn die andern sie auslachen, weil sie auf die Nase gefallen ist, dann bin ich ein Engel?"

„O, kleiner Junge, du kannst Fragen stellen. Woher soll ich denn das alles wissen, ich bin doch nur ein ausgestopfter Bär, der mit dir reden kann, sonst mit niemandem."

„Ach, du", sagte der kleine Junge, „du bist mein Freund. Und du bist älter als ich, sagt Mama. Jetzt sag' mir, bin ich nun ein Engel oder nicht?"

„Na, manchmal vielleicht. Manchmal bist du so was Ähnliches wie ein Engel. Aber ein richtiger Engel ist einer, der bleibt, das weiß ich. Wenn andere gegangen sind, dann bleibt ein Engel immer noch. Deshalb ist ein Mensch nie allein. Da sorgt der liebe Gott schon dafür, daß einer bei ihm bleibt."

„Und das ist dann ein Engel?"

„Ach, schlaf jetzt, mein Bärenkopf wird immer dicker, und mein Schädel brummt schon wie der Urwald bei Sonnenschein. Was weiß ich von Engeln? Bin ich ein Mensch oder bist du ein Mensch?"

Schweigen. „Endlich", dachte der Bär für sich, „endlich schläft er, diese Bärenobernervensäge." Vorsichtig streckte er sich an seinem gewohnten Platz neben dem Kopfkissen aus und gähnte. Er ist eingeschlafen. Endlich.

„Haben Bären keine Engel?"

„Aber jetzt ist Schluß! Natürlich haben die Bären auch Engel. Jede Pflanze, jedes Tier hat einen Engel. Dazu hat der liebe Gott die Menschen gemacht. Nur, die wollten dann nicht richtig. Die wollten nicht bleiben. Die meinten, sie wären was Besseres und gehörten gar nicht dazu. Die wollten nicht – bleiben."

„Aber ich möchte bleiben", sagte der kleine Junge noch, halb schon im Schlaf, und er träumte von Kathrin, die auf einem Bein von der Stadt bis zum Waldrand hüpfte, und von Maschinen mit roten Flügeln, die zum Mond fliegen. „Aber ich möchte bleiben!"

Und der liebe Gott, der den beiden die ganze Zeit zugehört und darüber fast vergessen hatte, die Welt zu regieren, der mußte nun doch auch schmunzeln. Denk' ich mir jedenfalls.

Der seltsame Bäcker

In unserer Straße, vorne an der Ecke, wohnte ein Bäcker. Er hatte einen lustigen Namen. Fridolin Fröschle hieß er. Für einen Bäcker ein ganz unmöglicher Name, was uns Kinder auch immer wieder zu nicht ganz astreinen Neckereien verleitete: „Fröschle, Fröschle, brennt sich an sei'm Göschle". Na ja, wie Kinder eben manchmal so sind. Für den Uhrmacher, ein Dutzend Häuser weiter, der unschuldig und ohne eigenes Zutun mit Nachnamen 'Schell' hieß, hatten wir auch so einen Spruch: „Uhrenmacher Schell macht die Uhren schnell: aufgemacht, hineingespuckt, zugemacht, fünf Mark." Aber eigentlich wollte ich von Fridolin Fröschle erzählen.

Er war der beste Bäcker im Dorf. Das war wohl keine Kunst, denn es gab nur eine Bäckerei. Aber es stimmt dennoch, denn Oma konnte herrlich knuspriges Brot backen, und Mama war im ganzen Dorf bekannt für ihren Käsekuchen. Doch der Bäcker Fröschle war einfach noch besser. Er hatte zum Beispiel die erste Eismaschine. Damals gab es das nur in der Stadt, und die war weit. Aber er hatte ein solches Wunderding, das stand in einem kleinen Zimmer hinter dem Laden. Und wenn der Sommer ins Land gezogen war mit Sonnenschein und Gluthitze, wenn selbst die großen Kastanienbäume auf dem

Schulhof kaum noch Schatten spendeten, dann warf er schon frühmorgens die Eismaschine an und machte aus frischen Erdbeeren, Milch, Zucker und wer weiß noch was das köstlichste Erdbeereis, das ich in meinem Leben je gegessen habe. Zehn Pfennig kostete die Kugel. Und es war ein Fest, wenn mir Mama einen Zehner in die Hand drückte und sagte: „Geh rüber zu Fröschles und hol' dir ein Eis." Im Sommer war es das Eis, im Winter waren es die Zimtsterne, im Herbst die Linzerschnitten und im Frühjahr der Erdbeerkuchen. Es soll sogar Leute aus der Stadt gegeben haben, die kamen extra wegen Fridolin Fröschle in unser Dorf gefahren, natürlich nicht wegen dem Eis, aber wegen seinen Zimtsternen. Und da war noch etwas ganz anderes, was du bei keinem Bäcker zwischen Grönland und dem Kap der guten Hoffnung findest. Das war sein Brot. Damals gab es ja nur zwei Sorten, es gab Schwarzbrot, und es gab Weißbrot. Nicht die hundert verschiedenen Brotsorten mit Nüssen und Zwiebeln, mit ganzen und halben Körnern, mit Mohn, Sesam oder Käsehäubchen. Nur Schwarzbrot und Weißbrot, und beim schwarzen gab es einen Laib oder einen Stollen. Mehr nicht. Und davon wurde man auch satt. Und Mehl war auch darübergestäubt, es ist ja nicht so, als ob man früher nicht zu essen verstanden hätte ...

Aber da war etwas, was sein Brot zu einer Sensation machte. Man wußte nie, was ihm – wenn alle schliefen und er nachts um drei Uhr zum Brotbacken aufstand – in dieser Nacht wohl einfallen würde. Angefangen hat es damit, daß es eines Morgens Schwarzbrot nicht als Laib oder Stollen, sondern als Herz gab. So wie du beim Jahrmarkt Lebkuchenherzen kaufen kannst, so hatte er hundert Brote gebacken. „Wahrscheinlich ist er verliebt", sagten die Leute und lachten. Aber das war erst der Anfang. Drei Tage gab es Herzbrot und danach wieder Stollen und Laib. Bis eines Morgens die Frauen beim Einkaufen ihren Augen nicht trauten. Er hatte in der Nacht Turmbrot gebacken, unten breit, oben schmal, viereckig wie der Kirchturm, und das knusprige Dach hatte er mit Mehl dick eingestäubt. Da fingen die Leute an zu fragen: Was ihm wohl morgen einfällt? Kann sein, daß er eine ganze Woche lang wieder brav seine Stollen und Laibe backte, aber dann sang ihm wieder der Spaßvogel frühmorgens beim Aufstehen ein Lied, und das ganze Dorf aß zwei Tage lang nur Hasenbrot oder Flaschenbrot oder Brot, das aussah wie ein F – er hieß ja auch zweimal mit F: Fridolin und Fröschle. Nein, niemand hat es ihm übelgenommen. Höchstens der Metzger und der Bauer, denn die Leute aßen weniger Kartoffeln und weniger Wurst, sie wollten erst wissen, was es wieder Neues beim Bäcker gab. Und es entstanden die herrlichsten Backgebilde: Brote, die aussahen wie ein Gänsebraten, und Brote, die aussahen wie ein Auto. Einmal hat er ein zehn Meter langes Brot gebacken, das er auf Tischen vor seiner Bäckerei ausgelegt hatte.

F. FRÖSCHLE

Und die Käuferinnen fragte er einfach: „Wieviel Meter darf ich Ihnen abschneiden?“ Und alles lachte und kam zum Bäcker Fröschle, stand in langen Schlangen an und kaufte Meterbrot. Natürlich kamen auch Leute aus der Stadt von der Zeitung. Einmal kam sogar ein Foto von ihm auf der ersten Seite. Das war, als er – fragt mich nicht, wie er das gemacht hat – Luftballonbrot verkaufte. Es hing an langen Fäden wie die Luftballons auf dem Jahrmarkt, angebunden an die Tischfüße seiner Verkaufsstände. Sein Laden reichte ja schon lange nicht mehr aus. Und wenn es nicht regnete, verkaufte er draußen auf der Straße.

Und manche wollten ihm das mit dem Luftballonbrot nicht glauben und meinten, es wäre ein Trick, und ließen den Faden los. Aber die schauten dumm, als vor ihren Augen ihr eben bezahltes Brot einfach so davonflog. Und die anderen lachten, weil Schadenfreude ja doch die schönste Freude ist. Ich weiß noch, wir haben damals auch so ein Luftballonbrot gekauft. Papa hat mir ein paar Groschen gegeben und gesagt: „Jetzt schau mal, was der Bäcker Fröschle heute wieder ausgeheckt hat.“ Und ich weiß noch wie heute, wie das war, als wir das Luftballonbrot aufgeschnitten haben. Papa hat den Faden erst am Tischbein des Küchentischs festgebunden, denn so ein Brot, wenn es erst mal an der Decke hängt, ist vielleicht auch nicht mehr so appetitlich. Und dann haben Mama und ich gemeinsam das Brot festgehalten, auf den Tisch gedrückt und Papa hat geschnitten. Aber außer einem lauten Knall passierte nichts. Nur daß das Brot nicht mehr davonflog, sondern etwas platt auf dem Küchentisch lag. Aber geschmeckt hat es wie sonst auch.

Fridolin Fröschle, unser seltsamer Bäcker, ist so berühmt geworden, daß man ihn eines Tages in die Stadt holte, um dort seine Brote zu backen. Danach habe ich nichts mehr von ihm gehört. Es stand auch nichts mehr über ihn in der Zeitung. Stadtleute sind manchmal schon eigenartig. Ich sage dir, bei uns im Dorf wäre ihm noch vieles eingefallen. Ein Krokodilbrot vielleicht, ein Brot mit Rädern oder mit Flügeln. Oder ein Brot, so dünn wie eine Spaghetti und zwanzig Meter lang. Ach, wenn er nur in unserem Dorf geblieben wäre! Ich hätte wahrscheinlich Bäcker gelernt. Und mir wären noch viele Späße eingefallen.

Was man alles erfinden müßte

Meine Güte, was haben die Menschen schon alles erfunden: das Auto und den Rasenmäher, die Sicherheitsnadel und das Wundpflaster, die Unterhose und den Kühlschrank. Stundenlang könnte man erzählen, was alles schon erfunden worden ist, und man fände doch kein Ende. Bücher stehen voll von diesen Erfindungen, und wenn du richtig lesen kannst, dann wirst du sie lesen, jede Woche ein ganzes Buch mit Erfindungen. Aber du kannst die Bücherei von unten nach oben durchsuchen und der Bibliothekarin Löcher in den Bauch fragen, keiner kann dir ein Buch geben, in dem steht, was man alles erfinden müßte. Nicht einmal die Lehrerin hat ein solches Buch, und die bringt ja den Kindern das Lesen bei und müßte es eigentlich wissen. Du, das ist eine einmalige Gelegenheit für uns zwei. Wir schreiben das Buch und werden berühmt. Und dann steht unser Buch in allen Büchereien, und das Buch ist immer ausgeliehen, so toll ist es. Aber bevor das Buch verkauft werden kann, müssen wir es erst schreiben. Vielleicht heute noch nicht ganz. Vielleicht heute und morgen und übermorgen, oder bis Weihnachten jeden Tag ein kleines Stück. Am besten fangen wir gleich an. Wir können es miteinander tun. Mir fällt etwas ein, und dir fällt etwas ein. Und dann lachen wir miteinander, schreiben es auf, und wenn wir dann immer noch Lust haben, machen wir einfach weiter. Am besten ist es, ich sage dir ein Beispiel. Ich meine zum Beispiel, man müßte endlich eine Pille erfinden, die schluckt man, und dann kann man Englisch oder Französisch oder Klavier spielen. Nicht? Das findest du nicht so toll, wenn alle plötzlich Klavierspielen können? Na ja, dann probiere ich ein anderes Beispiel. Ich meine zum Beispiel auch, man müßte endlich Teller erfinden, die man nicht mehr spülen und Schuhe, die man nicht mehr putzen muß. Oder Zimmer, die sich von alleine aufräumen. Aha! Jetzt fängt es bei dir an zu klingeln. Du kriegst Spaß an der Sache, denn da könnte vielleicht ja auch etwas für dich dabei sein. Dann laß uns noch ein wenig weiter suchen. Wie wäre es mit Regenschirmen, die man nicht mehr halten muß, oder mit einem Herd, an dem man sich nie mehr die Finger verbrennen kann? Wäre es nicht toll, jemand würde einen Kugelschreiber oder einen Füller erfinden, der ganz leise piepst, wenn man in der Schule ein Wort falsch schreibt? Oder was meinst du zu einem Bett, das sich automatisch selbst macht, oder zu einem Fenster, durch das man die Berge oder das Meer sieht, selbst wenn vor dem Haus eine Straße ist und graue Häuser stehen? Du sagst, dafür kann man ja fernsehen. Ja, recht hast du. Aber dann will ich dir noch ein Beispiel sagen. Wenn es nach mir ginge, dann müßte man einen Fernseher erfinden, der automatisch ausschaltet, wenn einer lügt oder einem anderen weh tut oder die Fernsehzuschauer für dumm verkauft. Aber wir beide merken schon, das mit dem Erfinden ist gar nicht so einfach. Halt, mir fällt noch etwas ein. Was hältst du von einem Hemd, mit dem man fliegen kann? Einfach anziehen, und ganz langsam fliegst du zum Fenster hinaus über Dächer und Straßen, über Seen, Wälder und Fußballplätze. Wie die Vögel und die Wolken, ganz ohne Motor und Lärm. Ganz leise und sanft, wie im Traum, wenn dir der liebe Gott einen Traum schenkt, in dem du so hoch fliegen kannst wie ein Adler und so sanft landest wie ein Sperling. Ich jedenfalls würde mir so ein Hemd gleich kaufen, wenn es nicht zu teuer wäre. Wenn nicht, müßte ich eben ganz schnell eine Geldmachmaschine erfinden. Aber das darf Friedrich Kragensteif, unser Polizist, ja nicht erfahren.

Ja und du, siehst du, jetzt bin ich wieder ins Erzählen gekommen wie Onkel Herbert. Dabei wollten wir gemeinsam ein Buch schreiben, du und ich. Jetzt bist eigentlich du dran und mußt sagen, was du gerne erfinden würdest. Oder schläfst du etwa schon? Also: Mir fällt etwas ein, und dir fällt etwas ein. Und dann lachen wir miteinander, schreiben es auf, und wenn wir dann immer noch Lust haben, machen wir einfach weiter. Und wenn nicht, sagen wir „Gute Nacht“. Du kriegst einen Kuß und ich krieg einen Kuß. Das ist fast so schön wie Erfinden. Vielleicht fällt uns dann im Traum etwas ein, das man ganz unbedingt erfinden müßte. Und bis Weihnachten ist unser Buch ganz vollgeschrieben. Spätestens bis Ostern oder bis zum Geburtstag.

Denk dir einen Stern

Schau durch das Fenster und denk dir einen Stern. Gib ihm einen Namen und schreib ihm einen Eilbrief.

„Du Stern“, steht in dem Brief, „ich nenne Dich einfach Fabian oder Grondos oder Pintonalaura, es ist ganz eilig. Du bist so weit weg, manchmal verschwindest Du hinter den Wolken und morgens, wenn ich aufwache, bist Du sowieso nicht mehr da. Sag mir, wie ist es auf Dir? Ist es kalt oder warm? Gibt es Menschen wie mich oder nur Steine und Feuer? Du siehst so schön aus, nun laß etwas von Dir hören. Liebe Grüße.“

Und wenn der Stern ein freundlicher Stern ist – ich kenne eigentlich gar keine unfreundlichen Sterne, nur solche, die ganz, ganz weit weg sind, oder solche, die schlecht hören und sehen, oder Sterne, die so mit sich selbst beschäftigt sind, daß sie im Augenblick wenig Zeit haben –, wenn der Stern ein freundlicher Stern ist, wird er dir antworten.

Vielleicht schreibt er dir: „Du, ich habe Deinen Eilbrief bekommen. Du mußt mich ja schon arg mögen, wenn Du so einen langen Brief schreibst. Weißt Du, ich bin viel weiter weg als die Sonne, und es ist ganz schön schwierig, Dir schnell zu antworten. Aber heute habe ich gerade Zeit, weil unsere Milchstraße mir freigegeben hat. Du, Stern zu sein, ist ein ganz hartes Geschäft. Du mußt aufpassen, daß es nicht zu kalt und nicht zu heiß wird. Du mußt noch mehr aufpassen, daß du auf deiner Bahn bleibst wie all die anderen Sterne auch. Stell' Dir mal das Durcheinander vor, wenn jeder Stern einfach dahin fliegen würde, wo es ihm gerade paßt. Ich habe seit vielen, vielen Jahren meinen Weg. Manchmal kannst Du mich sehen, manchmal nicht. Aber weißt Du, jetzt, wo Du mir einen Brief geschrieben hast, bin ich wieder viel lieber Stern. Es ist doch etwas ganz narg Schönes, wenn einer an dich denkt. Und der Name, den Du mir gegeben hast, gefällt mir auch viel besser als der andere. Bei den Wissenschaftlern heiße ich Q253. Wie soll man da glücklich sein? Oder wolltest Du etwa Q253 heißen? Da ist mir Pintonalaura viel lieber. Du, meine Milchstraße ruft mich, ich muß weiter. Liebe Grüße für heute, vielleicht sehen wir uns morgen wieder. Deine Pintonalaura."

Nun liegt es an dir, ob du morgen wieder nach ihm schaust, oder übermorgen, weil morgen gerade Wolken da sind und du vom Himmel nichts, aber auch gar nichts siehst. Und du kannst den Kopf aus dem Fenster strecken, so weit du willst. Du wirst höchstens naß vom Regen, und Mama wundert sich, warum dein Kopfkissen am Morgen so feucht ist.

Milch

Am besten, du machst jetzt die Augen zu und denkst dir deinen Stern. Ganz einfach so klein oder groß, wie du möchtest. Und nimm das Dreirad oder den Roller mit. Dort gibt es vielleicht kein Auto. Und du willst ja vieles sehen. Und vergiß nicht, von der Erde zu erzählen und von deinem Dorf oder deiner Stadt. Und richte deinem Stern auch einen Gruß von mir aus. Es ist gut, Freunde zu haben, auch wenn sie weit weg sind. Und vergiß ja nicht zu erzählen von unseren hohen Bergen, vom Schnee im Winter und dem Freibad im Sommer. Vom Meer, vom Sand, von den Tieren und von den Farben im Frühling. Erzähle von deinen Freunden. Und vergiß Onkel Herbert nicht. So wie ich den kenne, war der auch schon auf Pintonalaura, und sie sagen dir dort: „Onkel Herbert? Ja natürlich, den kennen wir. Bestell' ihm Grüße, und er soll doch beim nächsten Besuch von den herrlichen Weihnachtsplätzchen mitbringen, von denen er uns immer erzählt hat." Und wenn du morgen früh Onkel Herbert von der Geschichte erzählst, wird er sagen: „Pintonalaura? Ach ja, das ist der Stern, der gegen neun Uhr hinter dem Schornstein von Bäcker Fröschles Haus aufsteigt. Arme Leute dort. Die feiern nicht einmal Weihnachten. Man müßte ihnen mal ein paar Weihnachtsplätzchen schicken. Wenn die nur nicht so weit weg wären." Wird er sagen, und du wirst Augen machen so groß wie ein Wagenrad. Da hast du dir einen Stern gedacht, und tatsächlich war Onkel Herbert längst schon dort. Frag nicht wie, er verrät es dir doch nicht.

Johannes und die Zauberkugel

Johannes war eineinhalb Jahre alt und konnte eben aufrecht gehen, da machte er sich zum ersten Mal auf, die Welt zu entdecken. Er brachte einen Regenwurm mit, der etwas schlaff, in die Länge gezogen und strapaziert aussah, aber sich nach kurzer medizinischer Behandlung wieder im Garten hinter den Erdbeeren verkroch.

Johannes behielt seinen Wandertrieb bei. Einmal fanden ihn Nachbarn jenseits der großen Straße beim Autohaus Himmelpfennig, wo er mit seinen strohblonden Haaren, Hände in den Hosentaschen, Teddybär unter dem Arm, am großen Schaufenster stand und die tollen Autos betrachtete. Wie er dahin gekommen ist, weiß bis heute niemand.

Ein andermal, er war gerade drei Jahre alt geworden, suchten die Eltern ihn zwei oder drei Stunden lang in allen Himmelsrichtungen. Wieder mußte er über den Gartenzaun gestiegen sein. Aber keiner hatte ihn gesehen, und alle machten sich große Sorgen. Als sie fast verzweifelt die Suche abbrachen und die Polizei anrufen wollten, fanden sie Johannes – zugegebenermaßen etwas schmutzig und feucht, aber sonst ganz zufrieden – vor der Haustüre. Neben ihm stand ein alter Gurkeneimer mit etwas Wasser und Schlamm und vier ausgewachsenen Fröschen.

Wie er den Weg in den Wald, dort die Frösche und schließlich wieder zurückgefunden hatte, bleibt sein Geheimnis. „Er hat eben den Wandertrieb“, sagte Papa. „Und einen besonders guten Schutzengel“, fügte Mama hinzu.

Johannes blieb, wie er war. So wie er von zu Hause einfach davongelaufen war, um die Welt zu entdeken, so büchste er auch im Kindergarten aus. Mal fand man ihn auf dem Kirchturm, mal auf einer Blumenwiese, mal saß er als geduldiger Zuhörer bei der Probe eines Orchesters im Kurhaus. Als er älter wurde und in die erste Klasse der Schule ging, machten sich die Eltern schon weniger Sorgen. Schließlich hatte man ihn immer wiedergefunden, oder er war nach wenigen Stunden strahlend zurückgekommen mit Fröschen, Schmetterlingen, Enteneiern oder einem herrlichen Wiesenblumenstrauß für Mama.

Eines Tages kam er wieder zurück von einem seiner längst im ganzen Dorf bekannten Ausflüge. Er war Richtung Kleinbrücken gelaufen, über den kleinen Steg am Moosbach und dann nach rechts quer über die große Wiese, auf der der Bauer Beinbeis seine Kühe weidet, hatte den Weg genommen, der über den Bruckhügel führt, und hatte dort einen Schmetterling entdeckt, so schön hatte er noch keinen gesehen. Doch immer wenn er meinte, nun hätte er ihn gefangen, flatterte dieser wieder davon, und schließlich war Johannes auf einer Wiese gelandet, die er noch gar nicht kannte. Mitten auf der Wiese aber lag eine wunderschöne, in allen Himmelsfarben glänzende Kugel aus Glas. Kein Mensch in der Nähe, kein Laut in der Luft, kein Wölkchen am Himmel. Johannes ging näher, betrachtete die Kugel schweigend, nahm sie schließlich vorsichtig vom Boden. Er staunte nicht schlecht, nicht nur weil die Kugel so glänzend und herrlich glatt war. Er staunte, weil dort, wo die Kugel gelegen hatte, der Boden glitzerte und funkelte, als ob tausend kleine Sterne einen Reigen tanzten. Das muß eine Zauberkugel sein, dachte Johannes, der Glaskugeln vom Weihnachtsbaum und vom Schaufenster beim Juwelier Reichert in der Mühlgasse kannte. So etwas hatte er weder hier noch dort gesehen. Diese Kugel war einmalig. Er legte sie wieder auf den Boden, nahm sie auf, legte sie wieder hin und hob sie wieder auf. Und jedesmal wenn die Kugel den Boden berührte, glänzte dieser in allen Farben des Regenbogens, und klitzekleine Sterne tanzten einen Reigen. Nun rollte Johannes die Kugel den Berg hinunter, und wo immer er sie gerollt hatte, hinterließ sie eine glänzende Spur. Jedenfalls für einige Minuten. Dann verlor sich langsam der Sternentanz und der Glanz erlosch. Das war ein Spiel so ganz nach seinem Geschmack. Lange blieb er aus, und es war fast schon dunkel, als er nachhause kam. Alle liefen sie zusammen und bestaunten die herrliche Kugel, waren sich schließlich aber einig, daß Johannes den Fund melden müsse. Denn eine solche

Kugel war sicherlich nicht nur etwas ganz Besonderes, sie war ein überaus großer Schatz. Wer sie verloren hatte, mußte sehr traurig sein. Johannes meinte zwar, vielleicht sei sie vom Himmel gefallen, eben einer dieser vielen tausend kleinen Sterne, die man bei klaren Nächten am Himmel bestaunen konnte. Aber schließlich war er einverstanden, daß die Eltern eine Annonce in die Zeitung setzten und den Fund mitteilten. „Vielleicht bekommst du eine schöne Belohnung", trösteten sie Johannes. Aber nichts da. Es meldete sich niemand. Keiner kam, keiner schrieb einen Brief, und niemand rief bei den Nachbarn an, deren Telefonnummer sie in die Zeitung gesetzt hatten. Der Besitzer der Kugel blieb unauffindbar, ebenso wie sich keiner erklären konnte, wie die Zauberkugel auf die Wiese hinter dem Bruckhügel gekommen sein sollte. Johannes wurde durch diesen Fund berühmt und freute sich, daß so viele ihn besuchen kamen. „Laß doch mal die Zauberkugel rollen", sagten sie. Und er rollte die Zauberkugel über die Schloßstraße, und es gab einen Verkehrsstau, weil alle über die glänzende Sternenspur staunten. Oder er nahm die Kugel mit in die Schule, und die Lehrerin vergaß vor Staunen, daß sie ein Diktat schreiben wollte. Alles in allem war Johannes der glücklichste Mensch auf der Erde.

Ganz anders ging es allerdings dem Zauberer Colombo, einem finsteren Gesellen, der sich vor Wut in die eigene Wade biß, weil er – nach ein paar Glas

Wein zuviel – so unvorsichtig gewesen war und seine Zauberkugel verloren hatte. Nun kannte er wohl den Zauberspruch, hatte aber keine Kugel mehr. Und ohne Kugel war der Zauberspruch zu nichts nütze. Johannes hatte die Zauberkugel, dafür aber keine Ahnung von dem Zauberspruch. Und da der Zauberer Colombo nie Zeitung las, erfuhr er auch nie, wo seine Kugel gelandet war. Von diesem Tag an mußte er sein Geld auf redliche Weise verdienen. Er zog nach Bruchhausen und wurde in dem Ort Schloßgärtner, später sogar Bürgermeister.

Johannes aber vergaß mit der Zeit seine Kugel. Später zogen er und seine Familie in ein anderes Dorf, und heute weiß niemand mehr, wo die Kugel ist. Das ist besonders ärgerlich, denn der Zauberer Colombo hat mir den Zauberspruch verraten. Er heißt

„Kratz dich am Bein, schmatz' obendrein, Kringel und Blitz, Frischling und Kitz, Zimt in den Punsch – erfüll' mir den Wunsch."

Dazu muß man mit der linken Hand dreimal gegen den Uhrzeigersinn über die Kugel streichen, dann geht jeder Zauberwunsch in Erfüllung. Ich habe es schon mit Christbaumkugeln, mit Kieselsteinen und mit Enteneiern probiert. Es funktioniert nicht. Es fehlt mir eben die Kugel. Vielleicht liegt sie bei dir auf dem Speicher oder im Keller, oder vielleicht sogar unter deinem Bett? Schau mal nach! Den Spruch kennst du ja jetzt. Du mußt nur noch die Zauberkugel finden.

Magdalena hat mir ein Haus gemalt

Magdalena hat mir ein Haus gemalt. Angestrengt hat sie sich, den Bleistift schön gespitzt und den Tisch abgeräumt. Gefragt hat sie: „Papa, darf ich ein Blatt haben von dir?“ Sie möchte immer nur ein Blatt, das reicht ihr. Oder zwei. Manchmal gebe ich ihr auch drei, weil ich sie liebhabe. Dann hat sie mir ein Haus gemalt. Schau, so sieht es aus. Vielleicht hat es schiefe Wände. Es hat auch – ich muß es zugeben – kein allzu sicheres Dach. Vielleicht zieht der Wind durch die Tür. Und noch hat es keine Fenster.

Aber Magdalena hat mir ein Haus gemalt. Für mich ist es so wunderschön, wie der Palast des mächtigen Präsidenten, wie das Schloß der unglücklichen Königin oder wie die Häuser der Reichen am Berghang drüben in Schönfelden. Ich werde in dieses Haus einziehen, weil es Magdalena für mich gemalt hat. Und was gibt es Schöneres für einen Papa, als daß ihm ein Kind ein Haus baut aus Blättern, Zärtlichkeit, Bleistift und Wind? Und wenn

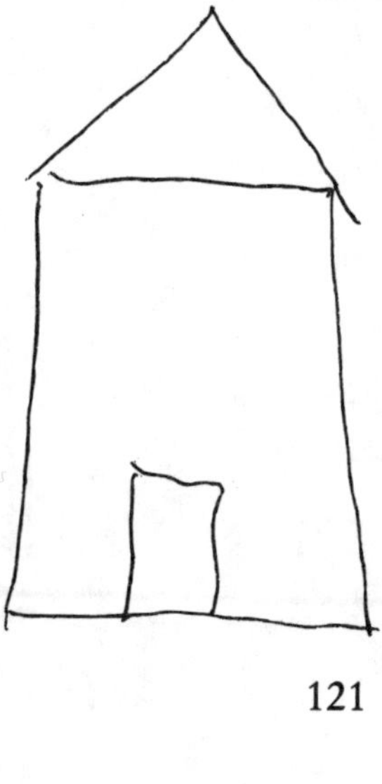

wir einmal wollen, können wir ihm auch Fenster malen. Aber nur wenn wir wollen. Und wenn morgen die Sonne scheint. Bis dahin, schlaf schön, mein Schäfchen. Ich hab' dich lieb. Gute Nacht. Ich denke mir schon einmal Teppiche aus für unser Haus, und ein großes Spielzimmer, vielleicht auch einen kleinen Garten mit bunten Blumen im Frühling. Und ein Bett mit einer tollen Matratze, auf der man hüpfen kann. Und einen langen Flur für Purzelbäume. Und ein Fenster nach Süden zu den Vögeln und zum Teich und zur Sonne, zu den Wolken und Sternen. Ich will noch ein wenig wach bleiben und mir unser Haus vorstellen. Und morgen früh erzählst du mir, was noch fehlt für unser Haus. Und dann feiern wir ein Fest und ziehen ein. Doch bis dahin: Schlaf schön, mein Schäfchen. Gute Nacht.

Die geheimnisvolle Kiste

In der Hütte hinter dem Haus hat Onkel Herbert alle Mitbringsel aufbewahrt. Du weiß nicht, was „Mitbringsel" sind? Wenn du einmal am Meer warst und Muscheln und Schnecken, Bernstein und angeschwemmte Holzkisten, Schlappen und Flaschen gesammelt hast, dann weißt du, was ein „Mitbringsel" ist: Eben all das, was man mitbringt, wenn man auf großer Fahrt war. Wie Onkel Herbert. Der war schon hundertmal und mehr auf großer Fahrt. Er kennt China wie kein zweiter und ist schon auf einem Kamel geritten von Tunis bis Vordertulien oder noch weiter. Ich kann mir das alles nicht merken. Aber Onkel Herbert kennt die Welt.

Etwas hat mich schon immer interessiert. Schon als ich ganz klein war, vier oder so. Da gibt es eine Kiste in der Hütte hinter dem Haus, die ist immer abgeschlossen. Immer abgeschlossen. Sie hat drei Schlösser und ist immer abgeschlossen. Das muß schon ein großes Geheimnis sein, wenn eine Kiste drei Schlösser hat und immer abgeschlossen ist. Natürlich habe ich Onkel Herbert gefragt, was in der Kiste versteckt ist. Das fällt doch auf, wenn eine so große Kiste mit drei Schlössern verschlossen ist. Aber er sagt dann immer nur: „Ach, ja", sagt er, „die Kiste." Sagt er, und seufzt und kriegt den Blick, mit dem er von hier bis zur 'Oase des leuchtenden Mondes' schauen kann. „Chja, chja, die Kiste", sagt er. Und dann kannst du machen, was du willst. Du kannst Purzelbäume schlagen oder das Essen anbrennen lassen, – er wird es nicht merken. Er ist weit weg.

Weißt du, irgendwie habe ich vermutet, daß Onkel Herbert gar nicht mehr weiß, was in der Kiste ist. Daß er es einfach vergessen hat, so wie ein Mann eben einmal die Abenteuer vergessen muß, sonst – sonst wird er nie die Katze zur rechten Zeit füttern, die Kerzen am richtigen Ende anbrennen und, wenn man ihn einkaufen schickt, auch wirklich Erbsen mitbringen und nicht Linsen. Aber so sind die Männer eben. Und Onkel Herbert macht da keine Ausnahme. Deshalb habe ich gedacht, er hat vergessen, was in der Kiste ist.

„Onkel Herbert", sage ich zum ihm, „Onkel Herbert, du weißt doch gar nicht mehr, was in der Kiste ist. Gib's zu. Sei ehrlich, Onkel Herbert! Du hast keine Ahnung, was in der Kiste ist."

Schweigen. Dann zieht er an seiner Pfeife und sagt: „Chja. Chja, mein Junge, du wirst wohl recht haben. Ich muß doch noch einmal nach Singapur. Dort muß ich die Schlüssel verloren haben. Es war an einem Regentag. Wolken bis zu den Kniekehlen, ein Wind, der dir bis unter die Rippen geht. Kind, ich muß noch mal nach Singapur. Da war am Hafen ein Gasthaus, es hieß 'Tschingtschangtschenghao'

erna

oder so ähnlich. Oh, ich sage dir, eine üble Kneipe. Und – ich erinnere mich, als ob es gestern gewesen wäre, da kam doch dieser Riese auf mich zu und streckte die Hand aus. Und ich ...“ „Du hörst jetzt auf mit deinen Geschichten und läßt den Jungen in Ruhe.“ Tante Erna ist in die Hütte gekommen und hat alles mitgehört. „Hör' nicht auf ihn“, sagt sie. „Weißt du“, sagt sie, „er ist ja ein Spinner, aber irgendwie ein lieber Spinner. Wahrscheinlich stecken in der Kiste alte Liebesbriefe oder seine Schulzeugnisse oder seine Sammlung von Kaktusstacheln, die ich nie gesehen habe; jedenfalls nichts Gescheites“, sagt sie. Und dann nimmt sie mich an der Hand und meint: „Du, ich habe frische Erdbeeren mitgebracht. Die gehen wir jetzt essen.“ Und sie schaut Onkel Herbert an, schüttelt den Kopf und meint: „Wenn du mit dem einäugigen Fred aus Singapur telefoniert hast, kannst du ja auch kommen. Wir lassen eine Portion Erdbeeren mit Schlagsahne übrig für dich.“ Sagt's, und geht einfach davon. Als ob da nie eine Kiste gewesen wäre und Singapur gleich hinter den Weizenfeldern unseres Dorfes läge. „Komm mit“, sagt sie, „du kennst ihn doch. In der Kiste ist alles mögliche, nur nichts Gescheites. Wenn überhaupt etwas drin ist“, sagt sie und geht Schlagsahne schlagen in einem solchen Augenblick. Irgendwie denke ich, sie muß ihm eigentlich nicht über den Weg trauen. „Tante Erna“, frage ich, „warst du denn überhaupt einmal dabei, wenn Onkel Herbert auf See war?“ Und dann sagt sie: „Ja, dann setz dich mal, Junge, halt' deine Erdbeeren fest und hör' mir mal gut zu." Und ich sitze ganz still. Und sie beginnt zu erzählen: „Chja", sagt sie, „mein Junge, chja, es war in Frontopiore, da kam er von der Brücke, sah mich an und ich habe mich in ihn verliebt. Das war in den Jahren neunundvierzig oder fünfzig. Ich habe damals Architektur studiert in Athen. War auf der Suche nach einer untergegangenen Insel in Frontopiore gelandet. Die Menschen waren nett zu mir und erzählten alles, was sie wußten. Doch eines Abends legte dieses Schiff an... ." „Jetzt hör' auf mit dem Schmarrn. Der Junge glaubt dir ja doch nicht." Onkel Herbert war dazugekommen und hatte sich an den Tisch gesetzt. Und ich saß dazwischen, genauer: Ich wußte nicht, was jetzt stimmt, Singapur oder Frontopiore, oder vielleicht beides? „Chja", sagt Onkel Herbert. „Chja, am Freitag geht's los. Ich habe eben telefoniert. Fünf Uhr früh am Freitag", ‚sagt er, „Leinen los, und wir schippern nach Singapur. Der wilde Fred wird Augen machen, wenn er mich sieht. Und dann", sagt er, „dann Junge wird das große Geheimnis gelüftet. Doch bis dahin mußt du noch warten. Das ist eben so. Schatzkisten sind Schatzkisten. Chja", sagt er und geht. Und ich weiß nicht, was ich jetzt glauben soll. „Tante Erna", sage ich, „Tante Erna, stimmt das wirklich, daß er am Freitag mit dem Schiff nach Singapur fährt?" „Chja", sagt sie. „Chja, mein Kind, wie ich ihn kenne, wird er nach Singapur segeln, oder vielleicht auch nicht. Dann mach' ich eben die Reise für ihn.

Einer von der Familie muß ja wohl gehen, oder nicht?“

Nun weiß ich nicht so recht, wem ich glauben soll. Tante Erna sagt, daß Onkel Herbert spinnt. Onkel Herbert sagt, ich solle nicht so ernst nehmen, was Tante Erna sagt. Und Mama und Papa sagen. „Glaub' keinem von beiden. Sie flunkern dich an. Aber sie mögen dich.“

Jetzt was? Was steckt in der Kiste? Die alten Zeugnisse von Onkel Herbert? Tante Ernas Liebesbriefe? Diamanten und Bernstein von einem versunkenen Schiff? Oder vielleicht doch meine alten Spielsachen, die ich nirgendwo mehr finde? Trau' einer den Erwachsenen. Sic schwindeln doch alle.

Also ehrlich, mir wäre am liebsten – ach, was soll's. Kiste ist Kiste. Hauptsache, morgen gibt's Rührei mit Schinken und Nudeln. Selbst der wilde Fred säße an unserem Tisch, wenn es Rührei mit Schinken und Nudeln gäbe. Denk' ich mir jedenfalls. Aber bei uns gibt es immer nur Erdbeeren mit Schlagsahne oder Hähnchen mit Pommes frites oder Suppe aus der Tüte. Wie soll man bei dieser Ernährung hinter ein Geheimnis kommen.

Übrigens: Onkel Herbert fährt am Freitag wirklich nach Singapur. Und: Er nimmt mich mit. Da kann Tante Erna sagen, was sie will. Auf Onkel Herbert ist Verlaß!

Philomena

Es war einmal eine Nase, die wohnte mitten in einem hübschen Gesicht mit weichen Lippen, roten Backen, braunen Augen und lustigen Grübchen unter den Backen. „Besser kann man eigentlich nicht wohnen“, dachte die Nase und freute sich am Leben. Manchmal ging sie spazieren hoch zur Stirn, manchmal machte sie Späße mit dem rechten Auge. Ab und zu, besonders dann, wenn es bergauf ging oder bergab, oder wenn sie beim Seilhüpfen viel zu schnaufen hatte, kam die Zunge auf Besuch, – aber nur ganz kurz. „Darf ich auf einen kurzen Sprung vorbei kommen“, fragte die Zunge, – und schon war sie wieder weg. Die Nase, die wir nun schon etwas besser kennen, hatte auch einen Namen, so wie jeder Mensch einen Namen hat und jeder Baum und Strauch und jede Blume. Die Nase hieß Philomena, ein schwieriger Name. Ihre Freunde sagten einfach „Mena“ zu ihr, und das war ihr auch ganz recht.

Bevor ich weitererzähle, muß ich der Wahrheit halber sagen, daß ein Leben als Nase kein Honigschlekken ist. Im Gegenteil! Es gibt wohl kaum ein schwereres Los. Die Augen sind zu zweit und man kann sie einfach schließen. Die Ohren sind zu zweit und – Hände draufhalten, schon hörst du nichts mehr. Die Hände sind zu zweit, die Füße sind zu zweit, die Backen sind zu zweit und Haare gibt es wie Sand am Meer. Die Lungenflügel sind zu zweit, die Schultern auch, die Finger sind gleich zu zehnt und die Rippen – stell dir vor! – sind gleich vierundzwanzig an der Zahl. Aber die Nase ist allein. Und das ist kein einfaches Los. Du weißt ja, wie das ist, wenn man allein ist. Das ganze Zimmer steht voll mit Puppen und Bären und Spielen und Bildern; aber was sollen all die Puppen, Bären, die Tüten im Kaufladen und die Bilder an der Wand, wenn keiner mit dir spielt? Und bei einer Nase kommt noch ein Zweites hinzu: Sie muß riechen! Das ist nicht immer angenehm. Nun stell' dir vor, Tante Erna ist Weihnachtsgeschenke einkaufen oder beim Frisör und Onkel Herbert muß kochen! Da steht er am Herd, eine große, schwarze Pfanne mit Speck, Butter und Eiern in der Hand, und dann greift er nach den Gewürzen: Salz, Pfeffer, Paprika, Curry, Rosmarin und Thymian, Lorbeerblätter und Knoblauch, Zimt, vielleicht sogar noch Vanille, Sellerie und Puderzucker, – und dann alles auf den heißen Herd! Möchtest du dann eine Nase sein?

Nicht anders ist es, wenn Alexander verschwitzt vom Fußballspielen heimkommt oder die kleine Sarah in die Windeln gemacht hat. Immer muß die Nase vornedran sein. Und wenn du gegen die Tür rennst, was haust du dir an? Die Nase natürlich. „Was muß sie auch immer so vorwitzig und naseweis aus dem Gesicht herausstehen!" Sagen die Zähne. Aber die haben

HONIG

leicht reden, die sind zwanzig und sind nicht allein – und müssen auch nicht riechen!

Es war an einem sonnigen Morgen, da verliebte sich Philomena in das linke Auge. Das tut richtig weh am Anfang, wenn man sich verliebt. Das tut richtig schön weh. Bisher hatte sie sich ja mit dem rechten Auge ganz gut verstanden, sie hatte mit dem Nasenflügel gewackelt und das Auge hatte geblinzelt, und dann mußten beiden lachen. Aber jetzt war das etwas ganz anderes. Es war eine sehr stille Liebe. Sie schauten sich an und wußten: Wir sind füreinander bestimmt. Anfangs war das rechte Auge etwas eingeschnappt. Schaute einfach weg oder klappte den Augendeckel zu. Aber das legte sich. Nur, da gab es eine Schwierigkeit. Das linke Auge sagte immer wieder zu Philomena: „Komm doch etwas näher zu mir." Philomena probierte und probierte, aber sie hing eben mitten im Gesicht und kam nicht weg. So mußten sie sich damit begnügen, sich gegenseitig anzuschauen, liebe Worte zu wechseln oder zu blinzeln. Aber schon allein, daß sie beide auf dem selben Kopfkissen schliefen, machte sie dann wieder glücklich. Manchmal, wenn das Auge sie ganz lange betrachtete, wurde Philomena rot. Und als sie bei Matschwetter draußen einen furchtbaren Schnupfen bekam, da weinte das Auge einfach mit. Irgendwie waren sie eben doch füreinander geschaffen. Ab und zu kam die Zunge vorbei, neckte sie ein wenig und fragte: „Na was ist mit euch beiden? Wann ist denn

Hochzeit?“ „Alte Spinnerin“, lachte dann Philomena, „du bist ja nur neidisch.“

So ging es einige Wochen, und niemand dachte sich mehr etwas dabei, bis die Brille kam. Sie setzte sich auf Philomena, schlug die Beine über die beiden Ohren und lachte die Augen an. Philomena merkte gleich, wie das linke Auge erst vorsichtig blinzelte, dann ganz groß schaute und schließlich nur noch Zeit für die Brille hatte. Anfangs war sie darüber traurig und fand es einfach nicht gerecht, daß sich eine fremde Brille in ihre Liebe gedrängt hatte, aber schließlich dachte sie sich: „So richtig nah wären wir uns ja doch nicht gekommen.“ Dachte und lachte, rümpfte sich und streckte sich, und plötzlich merkte sie, wie da etwas Warmes, Feuchtes an sie stupste, – die Zunge natürlich. „Laß uns ein bißchen spielen“, sagte die Zunge. Philomena warf noch einen kurzen, verärgerten Blick auf das linke Auge hinter der Brille, aber dann meinte sie: „In Ordnung, wem wollen wir einen Streich spielen.?“ Und sie hüpften und lachten und tobten miteinander übers Gesicht. Und abends waren beide so müde, daß sie gleich einschliefen. Noch im Einschlafen dachte Philomena: „Wenn sie auch nicht so schön schauen kann, aber lustig ist sie, und sie kommt mich auch richtig besuchen. Bis morgen, Zunge.“ Und die Zunge, die sich schon ganz warm an die Zähne gekuschelt hatte, meinte noch: „Schlaf schön, bis morgen; schlaf schön, Philomena. Du bist doch die tollste Nase der Welt.“

Der Anhänger

Er war von Beruf Anhänger und wohnte beim Bauern Beinbeis im Schuppen in der Ludwigstraße. Man mußte fast quer durch die Gemüsebeete, an den Tomatenstecken vorbei und holte sich schmutzige Schuhe, wenn man ihn besuchen wollte. Aber meist war die Türe verschlossen. Manchmal rief Herr Beinbeis, der Bauer, aus dem Stall heraus nach seiner Frau: „Emma", rief er, „Emma holl mall den Hänger!" Schweigen. Keine Antwort. Dabei hörte Frau Beinbeis sehr gut, wie ihr Mann rief. Nur, sie wollte nicht hören. Erstens hatte sie laufend Krach mit ihrem Mann und die beiden schimpften so laut, daß man das noch einige Häuser weiter hörte, obwohl die Beinbeisens keine direkten Nachbarn hatten. Deshalb war's ja damals auch so schwierig gewesen, als der Geräteschuppen brannte, denn keiner wollte zum Löschen kommen. Da konnten die beiden Bauersleute schreien, wie sie wollten. Jeder meinte, das sei ihr üblicher Streit. Aber das ist eine andere Geschichte, und das war ja auch ein anderer Schuppen. Das war der, der neben dem Kartoffelakker am Ende des Weges liegt, während der Anhänger, von dem ich dir erzählen will, im Schuppen hinter dem Gemüsebeet wohnte. „Emma," rief also der Bauer Beinbeis, „Emma holl mall den Hänger!" Und wenn er Glück hatte, dann gab sie ihm nach einer knappen Stunde auch eine Antwort. Die hörte sich dann meist so an: „Hol doch deinen Dreck alleine. Die alte Mistkarre rühr ich nicht an!“ Oder so ähnlich. Jedenfalls stritten sie. Und irgendwann kamen sie dann doch beide und holten den Anhänger aus dem Schuppen.

Du kannst dir vorstellen, daß dieses Leben dem Anhänger nicht gefiel. Er war von Hause aus anspruchslos, auch zum gehörigen Gehorsam erzogen, begnügte sich – einmal im Jahr – mit einer Fingerkuppe Wagenschmiere für die Kupplung und etwas frischer Luft für die Reifen. Wasser sah er praktisch nie, es sei denn, er stand im Regen. Und frische Farbe, die ihm eigentlich alle fünf Jahre zugestanden hätte, gab es nie. Er war jetzt fünfundzwanzig Jahre alt. Große Ansprüche ans Leben hatte er nicht mehr. Eine berufliche Karriere kam auch nicht mehr in Betracht; was soll man auch mit vier Rädern, einer Deichsel und einer Ladefläche machen. Aber es war einfach nicht in Ordnung, wie man mit ihm umging. Und ein „Hänger“ war er nun wirklich nicht. Er war ein „Anhänger“, und das ist ein großer Unterschied. So muß man alles in allem sagen: Er mochte seinen Beruf als Anhänger schon, aber nicht unter diesen Bedingungen.

Und so kam, was du dir längst denkst, er machte sich aus dem Staub. Es war ein heißer Tag. Er stand draußen in der sengenden Sonnenhitze mitten auf dem Feld. Gegen Abend wollten die Bauern Beinbeis wahrscheinlich Futter holen für die Kühe. Da dachte er sich: „Jetzt habe ich den Laderaum gestrichen voll. Sollen die schimpfen und schreien und streiten, nicht mehr mit mir." Er löste seine Bremse und rollte auf den Feldweg, dann auf die Straße, immer den Berg hinunter in der Mittagshitze, in der kein Mensch und kein Tier unterwegs war. Unten im Tal dachte er: „Es wird das Beste sein, ich nehme die breiteste Straße." Denn – ehrlich – , er kannte sich nicht so recht aus mit den neuen Verkehrsregeln und konnte nur bis vier zählen. Das reichte zum Abzählen seiner Räder, aber nicht für den heutigen Verkehr. Jedenfalls landete er so auf der Autobahn Frankfurt – Basel. Nur landete er auf der falschen Straßenseite und brachte den ganzen Verkehr durcheinander. „Vorsicht" sagte der Mann im Rundfunk, „Vorsicht, auf der A 5 zwischen Bruchsal und Durlach kommt Ihnen ein Geisterfahrer entgegen. Fahren Sie langsam und halten Sie sich äußerst rechts. Wir melden uns wieder, wenn die Gefahr behoben ist." Unser Anhänger hörte nichts von alledem. Ihm gefiel die Reise, er pfiff ein Lied oder zwei, winkte den Wolken zu, freute sich über die vielen Hupsignale der Autofahrer, die ihm entgegenkamen, manche blinkten sogar mit ihrem Licht. „Schade, daß ich nicht auch solche schönen Lichter habe", dachte er und rollte weiter. In Durlach und Karlsruhe rückte die Polizei mit fünf Wagen aus, doch blieben sie im Stau stecken. Auch eine Feuerwehrstaffel aus Bruchsal kam nicht weit, denn überall standen die Autos quer. Hungrige Babys brüllten, Polizisten schimpften, Handelsvertreter, die zu einer bestimmten Zeit in der nächsten Stadt sein sollten, wischten sich die Stirn und hörten pausenlos Radio; sie wollten wissen, ob endlich der Geisterfahrer von der Autobahn verschwunden ist.

Ein Eisverkäufer aus Weingarten nutzte die Gunst der Stunde, fuhr mit dem Roller zur Autobahn und verkaufte sein ganzes Eis. Ein Zeitungsverkäufer aus Blankenloch wurde auf die gleiche Weise alle Zeitungen los, selbst die alten von der vergangenen Woche. Derweil stand die Polizei im Stau, die Feuerwehr kam immer zu spät und unser Anhänger setzte seine Reise in den Süden fort. Und das Ganze machte ihm einen Riesenspaß. Er hatte ja keine Ahnung, was er anrichtete. Er hatte ja nur die Grundschule für Anhänger besuchte, außer Mist, Heu und Zukkerrüben nie etwas gesehen, konnte – wie schon gesagt – auch nur auf vier zählen. Aber es war herrlich zu reisen. Nach fünfundzwanzig Jahren zum ersten Mal frei und unterwegs nach Süden.

Er wäre wahrscheinlich noch nach Freiburg und Basel gekommen, dort möglicherweise nach Frankreich hinüber und quer durch Frankreich nach Avignon, Arles, St. Marie de la Mer oder vielleicht sogar bis nach Spanien gefahren, wenn nicht ein Traktor dazwischengekommen wäre. Der wohnte eigentlich in Oppenau im Schwarzwald auf einem Bauernhof. Aber der Bauer hatte ihn, weil er ihm zu alt und zu wacklig war, auf einem Schrottplatz bei Oberkirch abgestellt. Der Traktor hatte im Radio von der Geisterfahrt gehört und sagte sich: „Das muß ein toller Bursche sein, wenn ihn die Polizei und die Feuerwehr nicht kriegen. Den will ich mir einmal aus der Nähe betrachten." Und ehe der Schrotthändler, jäh aus seinem Mittagsschläfchen gerissen, begriffen hatte, was geschah, war der Traktor quietschend, krächzend, qualmend, aber mit Begeisterung auf und davon gefahren. Bei Appenweier bog er auf die Autobahn und wartete auf unseren Geisterfahrer. Und es dauerte auch gar nicht lange, da kam er auch schon angerollt, die Deichsel hoch in der Luft, vor

Freude strahlend und lautstark singend: „Wenn die bunten Fahnen wehen ...“ Der Traktor staunte nicht schlecht, bremste, fuhr über den Mittelstreifen und nichts wie hinterher. „Uff, schnauf, schwitz und schnatter“, stöhnte er immer wieder, aber schließlich hatte er ihn eingeholt. „Hallo, Kollege. Du gefällst mir. Woher des Wegs und was ist dein Ziel?“ „Ich weiß nicht“, sagte der Anhänger, „immer geradeaus.“ „Immer geradeaus ist langweilig. Wie wär's denn, wenn wir beide uns zusammentäten. Ich könnte einen so flotten Anhänger gut gebrauchen. Und – unter Freunden – irgendwann geht's nicht mehr bergab, dann könntest Du einen gebrauchen, der dich zieht.“ „Einverstanden“, sagte der Anhänger, „zu zweit ist das Leben abwechslungsreicher und doppelt so schön.“ Und flugs kuppelte er sich ein, der Traktor gab Gas und los ging die gemeinsame Fahrt. Da der Traktor aber aus dem Radio wußte, daß die ganze Polizei und Feuerwehr hinter ihm her war, schlugen sie sich schon vor Offenburg seitlich in die Büsche und sagten der Autobahn 'Auf Wiedersehen'. Und kein Polizist hat sie mehr gesehen, kein Feuerwehrmann entdeckt, kein Bauer zurückgeholt.

Aber wenn du die beiden sehen willst, dann gebe ich dir einen Tip. Du mußt schon etwas suchen, denn sie sind immer auf Achse. Am ehesten triffst du sie im Schwarzwald zwischen Lahr und Rottweil. Du mußt aber tief drinnen in den Schwarzwaldtälern suchen, dort wo die Mamas und Papas gerne wandern und die Kinder stöhnen, weil der Weg so steil und so weit ist. Und plötzlich kann es sein, du siehst einen Traktor mit einem Anhänger, auf dem zehn, zwölf oder fünfzehn Kinder sitzen. Die beiden fahren die Kinder nämlich hoch auf den Berg, und das kostet überhaupt nichts. Es macht einfach nur Spaß. Und wenn Mama und Papa wieder mal auf einen hohen Berg steigen wollen, kannst du ja mal vorsichtig fragen, ob du auf den Traktor und den Anhänger warten kannst. Aber wie ich die Eltern kenne, glauben die solche Geschichten eh nicht. Dabei müßten sie einfach nur mal in den Schwarzwald fahren. Irgendwo zwischen Rottweil und Lahr. Von wegen 'Geisterfahrer' und so. Die beiden sind höchst lebendig. Aber man trifft sie selten. Es gibt ja doch so viele Kinder, die lieber auf den Berg gefahren werden, als den langen Weg selbst zu laufen.

Noch etwas: Verrate keinem, was ich dir erzählt habe, dann die Frau vom Bauern Beinbeis hat Anzeige erstattet bei der Polizei. Und der Polizist hat aufgeschrieben: „Alter, gebrauchter Hänger entlaufen". Haben die eine Ahnung, was in der Welt wirklich geschieht. Aber bis der Polizist einmal in den Schwarzwald kommt, können Jahre vergehen. Wenn du nichts von dieser Geschichte verrätst. Das ist ein Geheimnis! Und Geheimnisse sagt man nicht weiter. Die behält man für sich.

Ein Neuer ist gekommen

Heute ist ein Neuer gekommen. Keiner hat ihn gekannt. In unserer Gruppe im Kindergarten sind wir viele, so viele, daß ich die Namen nicht einmal alle kenne. Aber heute ist ein Neuer gekommen. Er sieht ganz anders aus als wir. Er hat ein dunkles Gesicht, dunkler noch als Papa, wenn er sich im Sommer sonnt. Er hat schwarze Augen, schwärzer als eine Gewitterwolke und mindestens genauso schwarz wie die Pizza, die Christoph, mein großer Bruder, zu lange im Backofen gelassen hat. Damals war überhaupt alles schwarz, und die Nachbarn haben schon die Feuerwehr alarmiert, und aus allen Fenstern hat es geraucht. Aber das ist eine andere Geschichte.

Heute ist ein Neuer gekommen. Er hat ein dunkles Gesicht und ganz schwarze Augen. Ich verstehe ihn nicht. Aber er hat mich angelacht. Und hat mir den Apfel aufgehoben, der mir beim Frühstück hinuntergefallen und unter den Tisch gekullert war.

Ich habe einen Freund. Er ist neu in unserer Gruppe. Er hat schwarze Augen. Und ich verstehe ihn nicht. Ich weiß nicht, wie er heißt. Aber er ist lieb. Und morgen male ich ihm ein Bild. Bestimmt freut er sich. Und dann lade ich ihn zum Spielen ein. Ich

erkläre ihm, daß „Puppe“ „Puppe“ heißt und „Bett“ „Bett“, daß ich zwei große Brüder habe, und daß ich ihn mag.

Wir haben einen neuen in der Gruppe. Irgendwie mag ich ihn. Er hat schwarze Augen und lacht, wenn er dir etwas gibt. Ich weiß noch nicht, wie er heißt. Aber das geht vorbei. Und dann essen wir ein Eis. Das mag jeder, egal, wie er heißt und woher er kommt.

Vielleicht ist sein Papa Häuptling oder hat eine Schatzkiste. Und seine Mama kocht am liebsten Knallerbsen. Piff und paff macht es dann in der Küche. Ach ist das aufregend.

Ich habe einen neuen Freund, weißt du. Und morgen frage ich ihn einfach, wie er heißt.

Die Deutsche Bibliothek – CIP-Einheitsaufnahme

Engelsberger, Gerhard:
Der Luftballon im Kaktusgarten und andere Gute-Nacht-Geschichten / Gerhard Engelsberger. Mit Ill. von Klaus Müller. – Stuttgart : Kreuz, 1996
ISBN 3-7831-1479-9

1 2 3 4 5 00 99 98 97 96

Postfach 80 06 69, 70506 Stuttgart, Tel. 07 11 / 78 80 30
Umschlaggestaltung: Jürgen Reichert, Stuttgart
Umschlagillustration: Klaus Müller
Autorenfoto: © by H & B-Presse Bild, Wiesloch
Gesamtherstellung: Präzis-Druck GmbH, Karlsruhe
ISBN 3 7831 1479 9